受験は母親が6割

做孩子最好的
学习规划师

［日］佐藤亮子 著　　程雨枫 译

九州出版社
JIUZHOUPRESS

前　言

　　以前出版的一本书记录了我作为母亲陪伴三个儿子备考的经历。后来，小女儿也顺利考上了大学，所以我在本书补充了女儿备考的内容，把四个孩子的经历都整理到了一起。女儿和她的三个哥哥报考的是同一所大学，起初我以为可以照搬过去的经验，然而并不行，这让我体会到世上果然没有简单的事情。我必须根据女儿的情况调整很多做法，也再次感叹，养育孩子归根到底还是要因材施教。

　　2019年，日本高考制度大规模改革的方案引起了很多争议，最终在2021年1月起实施的"大学入学统一考试"中，英语采用社会化考试形式[①]和语文数学考试新增文字叙述题这两项核心内容都没有实施。高考改革本来应该最优先考虑培养面对未来的孩子，却要求孩子去适应根据大人的各种利

---

① 高考取消英语考试，考生可出具托福、托业等7种民间英语测验的成绩单。——译者注

益需求决定的框架，所以才会导致这种结果。不过，题目变长、阅读量增加的趋势今后还会进一步加强，这就要求孩子提高语言能力。为了应对这个趋势，家长应当在日常生活中更加有意识地培养孩子的阅读理解能力。

人工智能已经发展到前所未有的高度，可以想见，今后也会给人类的未来生活带来重要影响，所以我们某些生活形态也不得不随之改变。现在是一个重要的过渡时期，或许也可以说我们的决策将改变未来。为了探索日新月异的科技，也为了与影响力依旧很大的自然和谐共存，现在我们人类可能尤其需要活得更有"人情味"。

孩子们今后既要创造未来，也要生活在未来。所以无论是家长，还是社会上的其他大人，都必须有意识地引导和培养孩子。未来将是一个更加多元化的时代。过去大家在生活中共同维护着相对来说比较少的几种价值观，今后我们的社会或许会更多样化。纵观历史可以发现，在单一价值观的束缚之下，人很容易犯错。我们在养育孩子时，也应该重视社会多样化的趋势和孩子人格的培养。

养育孩子是为了他们能在未来三十多年有所作为，但很多家长却仍守着几十年前的旧观念不放。这是因为家长的观念会受到他们的父母，也就是孩子的祖父母的影响。除了极少数例外，多数人无法客观地评价自己孩提时代受到的教育，尤其是无法否定那种教育。因此，家长面对孩子时很难自省，到头来还把自己的价值观强加到孩子身上。过去，这种做法在很多时候也行得通，但孩子们所处的环境正在急剧变化，迫使家长不得不停下脚步，重新想一想"人是什么""人生是什么"。

那么，到底应该怎样养育孩子呢？在养育孩子的过程中，我一直认为最本质的东西永远都不会变。一个人从呱呱坠地到18岁，身体和心灵的成长是最重要的，为此需要最简单的基本的学习能力和运动能力。把孩子平平安安地抚养长大就已经很不容易了，其他事情只能尽可能简化。可能很多家长想给孩子报各种兴趣班，但如果因此忽视了基本学习能力的培养，那就是本末倒置了。总之，家长要帮助孩子在12岁之前打好基础，在此基础上逐步积累初中和高中阶段的知识。在那之后，就应该让孩子自己去寻找在社会立足的方法并为之努力了。

在我看来，大人要做的就是给孩子灌输很多的优质文字和各种经验及体会。然后，还有一个必须亲手传递给孩子的理念，那就是"和平"。

我们必须努力让全世界的孩子们都生活在和平之中，

培养孩子们成为能为世界和平贡献力量的人，这是我们的义务。

面对变化莫测的未来难免迷茫，我们何不努力去享受培养未来接班人的乐趣呢？

佐藤家人物档案

父亲

生于大分县。毕业于东京大学。通过司法考试以后，留在实习地奈良市当律师。

母亲（佐藤妈妈）

生于大分县。毕业于津田塾大学，曾在大分县的私立高中担任英语教师。两年后结婚，成为全职主妇。现担任浜学园顾问。

大儿子

性格沉稳冷静。中学时加入足球社团，直到高三第一学期一直参加训练。应届考上东京大学理科一类。第二年和二儿子一起考上东京大学理科三类[①]。上大学后继续踢球。擅长

[①] 东京大学本科生入学后，前两年归入文科或理科一类至三类学科，从三年级开始进入院系学习专业知识。其中理科三类主要对接东大医学院，招生考试竞争也最为激烈。——译者注

背诵，勤奋好学。强项是理科。目前是一名整形外科医生。

二儿子

比大儿子小一岁。性格活泼，爱说话。中学时曾在校园文化节等活动中大展身手。原本期望他能子承父业做一名律师，最后应届考入东京大学理科三类。大学时加入医学部的棒球社团，担任教练兼队员。强项是理科，短板是社会科学。目前是一名内科医生。

三儿子

比二儿子小两岁。做事我行我素，脾气倔强。准备小升初择校考试时压力较大，但在备战高考期间，哥哥们的成功事例让他找回自信，最终顺利考上东京大学理科三类。爱思考，爱钻研。强项是英语。目前是一名医学生。

小女儿

比三儿子小四岁。家里最小的孩子，做事慢条斯理。和哥哥们一样学了小提琴、游泳，又迷上了弹钢琴。擅长数学和理科。应届考上东京大学理科三类。目前是一名医学生。

目 录

前 言　1

第1章　高考改革不可怕　1
　　——佐藤妈妈的应试策略

高考再变，必备的学习能力也不会变　3

阅读理解能力越来越重要　6

阅读理解能力是空间想象力　8

推荐每天读15分钟报纸　9

读报也有助于英语阅读　12

上网培养不了逻辑思维能力　14

高考考的都是经典试题　17

历年真题越早做越好　19

结论：基本学习能力永远是核心　22

第2章　父母首先要下决心　25
　　——孩子上大学前以孩子为中心

我下决心"陪读陪到底"　27

当好妈妈有学问　29

辅导孩子学习是父母的职责　31

用陪伴化解青春期叛逆　34

不要照搬育儿书　36

不要和其他孩子比较　38

学习需要因材施教　41

家务可以量力而行　43

夫妻分工，不要彼此否定　45

夫妻达成一致：考上大学前以孩子为中心　49

学习的目的是充实人生　50

第3章　考上理想学校的陪读秘籍　53
　　——时间管理和学习计划方面的技巧

把学习桌放在客厅　55

无论成绩好坏都要保持平常心　60
孩子学到多晚，我就陪到多晚　61
把表调快 20 分钟　63
学习计划要由父母制定　64
贴两个月的挂历，让计划一目了然　65
洗澡和吃饭时间也要写进日程　66
孩子和自己的安排都要写在手账上　70
整理历年考试真题和参考书也是家长的工作　71
家有考生不过年　74
和孩子一起押题的快乐　76
家长的陪伴决定考试成败　79

第 4 章　小升初应试策略和 12 岁之前的重点　85
　　——为高考打好基础

基本学习能力在小升初考试中也很重要　87
辅导机构的作业和学校的作业都要力求完美　90
"能做对 90%"最危险，每次测验都要拿满分　92
家长可以帮孩子朗读阅读理解题　94
历史看漫画，地理看旅游指南，理科看植物图鉴　96

每页只写一道题，用笔记本提高数学成绩　99

在家学习的关键是事先做好准备　101

参考书别贪多，吃透一本再继续　102

我为什么让大儿子参加小升初考试　103

靠反复做真题战胜压力　105

学霸都是"写字的力度刚刚好"　108

通过模拟考试消除紧张情绪　110

临考前拿出"放弃"的勇气　111

厨房计时器是提升专注力的秘密武器　112

有了"干货笔记"，吃饭时间也不浪费　115

考试日程安排技巧：把最佳状态留给第一志愿　117

报考时放下"虚荣心"　119

第 5 章　中学六年怎样过　125
——提升实力，备战高考

喜欢的事就要尽情去做　127

音乐、家政、体育……与考试无关的科目也要抓　130

让电视、游戏和漫画远离日常生活　131

关键时期要把手机交给家长保管　133

买参考书和习题集别心疼钱　137

薄习题集做三遍再换下一本　140

单词书从中间开始背，每个词只记一个释义　141

晚饭后是学习的"黄金时段"　143

初中开始挑战英语考级　144

英语阅读先看日语翻译，文言文阅读先看现代文
　翻译　146

现代文阅读理解题的解题技巧　147

电子词典的优势　148

第6章　如何考上东京大学　153
—— 条条大路通罗马！

我的四个孩子报考东大理三的原因　155

六年一贯制中学是经典路线　158

别放弃！成功之路不止一条　160

从录取考生经验谈中找线索　162

多做历年真题和模拟考试题　163

知己知彼，尽早了解考试机制　164

最后40天再做一遍模拟考试题　167

"红宝书"从最近一年开始做　169

中心考试的"社会"从 12 月开始集中复习　172

考场附近的宾馆要提前一年预订　179

考试前一天 22 点睡觉　181

二次考试之前要按考试当天的时间安排作息　182

高考当天要把孩子送到考场大门　184

第 7 章　女孩备考的注意事项　187
　　——我与女儿的二人三足

高三暑假大吵一架！　189

女孩越早开始备考越有利　192

考试也要尊重女孩的爱美之心　195

拜伦好帅！在闲聊中快乐复习世界史　198

女儿被录取了！那一刻的感悟　201

【特别专栏】女儿的回忆　204

后　记　209

出版后记　213

第1章

高考改革不可怕

——佐藤妈妈的应试策略

高考再变，必备的学习能力也不会变

现在，高中以下孩子的家长肯定很担心今后高考会发生变化。目前高考改革正在逐步推进，信息技术的发展也将给社会带来巨大变化，所以今后高考的形式确实会有变化。

2019年，大学入学统一考试（统一考试）在社会上引发了很多争议。按照原定计划，自2021年1月起，大学入学统一考试将取代过去的大学入学中心考试（中心考试），其核心内容为英语采用社会化考试和语文数学考试新增文字叙述题，但在距离实施还有约一年时，这两项核心内容相继宣布推迟和搁置。当时，不少高二学生已经开始复习准备参加英语社会化考试，却只能随着高考制度改革的变化临时调整，十分可怜。

我之前就一直担心涉及主观因素的文字叙述题在阅卷评分时难以确保公平。我的女儿在辅导机构教英语，她告诉我给英译日题型打分时，老师们会仔细讨论学生翻译时使用的日语对不对。就连辅导机构在测验时给文字叙述题打分都这么费心思，要在短时间内给约50万份高考试卷打分，难度可想而知。

而且，文字叙述题也比选择题难估分，考生很难判断自己能得多少分。很多人要求推迟甚至取消这项改革，也是因为它强迫考生配合大人们制定的制度，不考虑考生的难处。我认为今后还需要好好研究，制定出让考生愿意接纳的公平制度。

很多家长对统一考试感到非常担心，我举办讲座时经常有人提问。除了不知道该如何应对高考改革外，还有很多家长说，"我的孩子总做不好语文的文字叙述题，特别担心"。尤其是这次改革引起的混乱加剧了新高考的不确定性，家长们似乎更迷茫和焦虑了。

其实教育原本就是随着时代不断变化的，而且教育也应该与时俱进。各种新技术改变了我们的生活，孩子们生活在急剧变化的环境当中，他们所受的教育自然也不会一成不变。

比如，为了纠正偏重知识的教育模式，日本从2002年起实施宽松教育；后来由于孩子们的学习能力下降，政府再次修订学习指导纲要，从2011年起增加了一些教学内容。在高考制度方面，从1949年到1978年，当时的文部省将国立大学划分为一期校和二期校，那时还没有全国考生参加同样内容考试的制度；从1979年到1989年，日本实施叫作"第一次统一考试"的全国统考，后来这项考试在1990年改为中心考试。

可见，教育和高考制度随时代而变再正常不过了，高考制度不可能永远不变。

不过，也没必要因为高考制度变了就感到焦虑或恐惧。因为不管哪个时代，不论什么制度，最重要的都是基本学习能力。制度再怎么变，这一点也不会变。所有学年的学习任务都是在基本学习能力的基础上积累起来的，所以如果这个基础不牢固，就学不会后面的应用和更复杂的题目。

因此，家长的首要任务是巩固孩子的基本学习能力。培养基本学习能力没有捷径，但只要方法得当，循序渐进，每一个孩子都能学好，取得好成绩。

只是孩子年幼时还不懂这些道理，需要家长的支持。具体方法将在第2章之后详细介绍。

阅读理解能力越来越重要

今后，人工智能的发展和应用无疑会进一步加速。我们必须正确地把握和了解人工智能的能力，思考今后如何与人工智能和谐共处，而不是否定人工智能的存在。

人工智能最擅长从海量数据中精准地筛选数据，其准确和迅速程度是人类无法企及的。这类工作也许会被人工智能取代。不过，仔细想想，人工智能所需的海量数据都是由人筛选和输入的。正因如此，我们必须考虑为人工智能提供哪些数据，如何应用人工智能筛选出来的数据。只有人类才能做到这一点，所以今后人们更需要与人工智能携手想象未来、创造出全新事物的能力。

当人工智能遍布社会的各个角落，我想人类可能随时都要思考"人生是什么""工作是什么""活着意味着什么""我是谁"等哲学问题。那时，人工智能包揽了最基本的工作，人则应该培养更能体现人类特点的"心灵"。要培育心灵，"语言"会比以往更为重要。毕竟人这种生物可以把哲学家的一句话藏在心里活上100年呢。我们越来越需要独立思考"现在的问题是什么""我应该怎么做"，找到属于自己的答案，并清晰地表达自己观点。这需要我们储备丰富的语言，准确地读懂书籍、报纸、杂志等各种文字载体，也就是"阅读理解能力"。

从统一考试的试行测试来看，除了原有考试要求的基本学习能力之外，新高考还要求很好的阅读理解能力。

统一考试从2021年1月起开始实施。英语社会化考试和语文数学考试新增文字叙述题的计划虽然推迟了，但所有科目都会增加"以社会和日常生活为题材的试题"以及"通过阅读多份资料解答的试题"，也就是考察思考能力、表达能力和判断能力的试题。要答对这类问题，又快又准确地读懂问题的阅读理解能力必不可少。选择题和文字叙述题评价学习能力的形式虽然不同，对阅读理解能力的要求却是一样的。

然而，2019年12月3日的一则报道显示，日本学生的阅读理解能力堪忧。2018年，经济合作与发展组织（OECD）面向79个国家和地区的约60万名高一学生，实施了"国际学生评估项目"（PISA）。其结果显示，日本学生的"阅读素养"排名从3年前的第8名下滑到第15名，"科学素养"也从第2名下滑到第5名。尽管这种调查方法有着些许局限，"阅读素养"下滑到第15名还是很令人震惊。

此外，据文部科学省的统计，喜欢阅读图书和报纸的学生的"阅读素养"分数要高于平均。这也在情理之中。PISA的测试问题都比较长，平时没有阅读习惯的学生很难应付。

阅读理解能力不是一朝一夕就能掌握的。上了高中以后再想为高考培养阅读理解能力就来不及了，还是应该从小就在家让孩子养成良好的阅读习惯。

今后，随着高考改革，所有科目试卷的题目都会越来越长。缺乏阅读理解能力，审题变慢，考试时间就不够用了。可以说，今后的高考就是比拼阅读理解能力。

阅读理解能力是空间想象力

那么，到底什么是阅读理解能力呢？简单地说，我觉得就是在大脑中把"平面的"词句转化成"立体的"，形成逼真的想象的能力。语文成绩不好的孩子，因为不习惯读书，阅读时只盯着每个字词，却不知道内容是什么。读完后，不要说感想，就连梗概也总结不出来。

比如"太郎被花子打了头"是一个被动句，很多孩子看了这句话不能马上判断出谁的头会疼。又比如在关于交通事故的报道中,经常可以看到"右转""直行"等字样,在关于历史战役的文章中也会看到"从东面攻打过来""逃到南边"等,有些孩子就想象不出来汽车或军队的移动轨迹。类似这种文章,只有大脑中浮现出指示方向的箭头,才能算读懂了。

换句话说,全面理解文章中的词语,就是要在大脑中形成立体的形象。孩子们最好能养成习惯,在读书时,随时把平面的词句转化成立体的图像。转化得越生动形象,阅读理解能力就进步得越快,这是应对今后高考的关键。

推荐每天读 15 分钟报纸

说起培养孩子的阅读理解能力,很多家长最先想到的是"读书"。

爱读书的孩子不用家长布置,自己就会主动阅读,而不爱读书的孩子,就算家长要求,也很难提起读书的兴致。对于没有从小亲近文字的孩子来说,阅读大量文字,理解其含义,以及享受这种乐趣,是一项非常艰巨的任务。所以要求他们读书反而会带来抵触情绪。况且，从头到尾读完一本书需要很多时间，半途而废带来的挫败感也会导致他们不爱读书。

不爱读书或者没有时间的孩子自不必说，其实对所有小学三年级以上的孩子，我都建议他们每天花 15 分钟读报纸。从每天的报纸上选择一两篇自己感兴趣的报道，15 分钟左右就能读完。刚开始只要随便看看，以适应阅读文字为主。一般的书都是围绕一个主题写的，需要花很多时间读到最后才能了解主旨，而报纸上的文章只要 15 分钟就能读完，很容易就能开始。忙的时候可以用碎片时间读报纸，十分方便。而且每天读 15 分钟，连续读 4 天就相当于累计阅读 1 小时。相比之下，要读 1 小时的书可就难多了。

对于还不太识字的孩子，家长可以先挑一些孩子可能感兴趣的文章读给孩子听，再简单地解释一下内容。听来的知识对孩子也有帮助。

坚持每天读英语可以提高阅读速度，同样，每天读报纸能让孩子更习惯读文字，阅读的速度也会一点点变快。

报纸很容易找到，上面有政治、经济、社会、体育、文化、生活、社论、读者投稿等各种各样的文章。这些身边的事情，很容易看进去，而且真实的内容也更容易在大脑中把平面的词句转换成立体的形象。请从孩子感兴趣的文章入手，陪孩子一起读吧。也许有人认为报纸应该从头版开始按顺序往后读，其实只要从家长和孩子都感兴趣的报道开始就好。

我因为喜欢做饭，所以总是先看烹饪相关的版面。报纸中缝上每天会刊登一份菜谱，您也可以和孩子一起读，感兴趣的话就试着做一做。菜谱都是平面的字词，但按照菜谱去做，就会有立体的菜肴呈现在眼前。平淡无奇的字词变成了美味佳肴，对孩子来说，是一次很好的经历。毕竟，阅读的结果是吃到好吃的饭菜。有很多与数量相关的感觉还是需要实际动手才能体会到的，比如"一大勺差不多是15毫升""把蔬菜切成3厘米的段""向量杯里加入200毫升水"等。如果这次做得很好吃，孩子就会自己找来其他菜谱，拉着家长一起做。这正是培养阅读理解能力的第一步。

另外，很多孩子都爱看体育版面，这里可是成语的宝库。孩子们在学校和辅导机构会学到一些成语，但在日常生活很少有机会用，难免会产生"学这些词有用吗"的疑问。但其实体育版面会频繁出现"卧薪尝胆""先发制人""独善其身"等成语。我每次看到这样的词,都会用红色记号笔圈出来,拿给孩子们看。孩子们也很开心,"我在学校学的成语还真有用!"。

像这样,通过读报纸培养阅读理解能力的方法十分简便易行。从报纸入门,逐渐进阶到内容更深的书,体会文字的乐趣。接下来再去读不同时期、不同国家各个领域的书,在书本中体验多彩的世界,形成多元化的价值观和深度思考的能力。

读报也有助于英语阅读

有不少英语不好的孩子语文成绩也不好。如果阅读母语篇幅较长的文章速度很慢,读过也不会提炼内容,自然做不好英语的阅读理解、翻译和作文。这种情况下,首要任务是提高母语的阅读理解能力。通过每天读报纸练习读文字,然后再阅读感兴趣的书籍。有了母语的阅读理解能力,英语能力自然就上来了。

此外,每天读报纸了解世界各地的时事动向,也有利于应对英语的考试。近年来,英语考试中经常会有探讨环境、种族、国际问题等时事方面的题目。在做英语的阅读理解题时，有无背景知识也会直接导致理解程度的不同。提前做好知识储备，考场上会更加从容。从这个角度来看，报纸会报道世界各地每天的最新动态，可以说是最佳的教材。

"了解相关知识，英语的长篇阅读理解就很好回答。"这是我女儿的亲身体会。在东京大学的模拟考试中，英语长篇阅读理解就曾有一篇讲述1840年清朝和英国之间的鸦片战争。我女儿在中心考试的地理历史及公民教科中选的是世界史[①]，因为对鸦片战争比较熟悉，所以她说就算不读文章，也能答对所有问题。这只是一个非常幸运的个例，不过只要知道文章中提到的部分内容，理解起来也会轻松很多。相反，碰到完全陌生的话题，则需要花很长时间才能读懂文章的内容。

在统一考试中，所有科目都会增加以社会和日常生活为题材的试题。英语考试也很有可能出现更多与时事相关的题目。高中生自不必说，初中生和小学生也应该多读报纸，多关注世界各地的新闻。

---

① 中心考试共包括6教科30科目，考生需要根据报考学校专业指定的科目参加考试。东京大学理科类专业要求参加7科目考试，其中有1个科目可以从地理、历史及公民教科中任选。——译者注

上网培养不了逻辑思维能力

我说读报纸有助于提高阅读理解能力，或许有人会想："用手机看新闻不就行了吗？"但看手机时，大多数人都只是刷一刷自己关注的内容，就觉得好像是"看懂了"，这样是没法仔细阅读、深入思考的。

而且，家长和孩子一起读报纸，还可以锻炼孩子总结自己观点的能力。在统一考试的试行测试中，有一篇关于食物浪费和垃圾的文章，说的是过期的寿司、饭团、圣诞蛋糕等食物被扔掉的问题。统一考试的命题趋向于让考生思考身边的事和各种社会问题，所以孩子可以通过报纸了解这些话题，把自己的观点归纳出来，这是一个十分有效的应试策略。

还有，读者投稿专栏也是孩子练习提炼自己观点的好素材。有一次，报纸上刊登了一篇50多岁男士的投稿，内容是"为夏季高中棒球赛加油助威时，在炎炎烈日下中暑的风险很大，所以建议把甲子园球场改建成带顶棚的运动场"。

温室效应导致夏天越来越热，近年来，每年夏天都能看到有人因中暑被送进医院的新闻，所以我赞成这位男士的提议。我认为主办方应该把队员和观众的健康放在第一位。不过报纸上也刊登了一些反对意见。比如有一个11岁的小朋友认为"棒球就是要在蓝天下打",还有一位80多岁的老爷爷觉得"球员和球迷们在炎炎烈日下团结一致,这才是甲子园的精神"。这位老人大概是回忆起了自己的青春时代,有感而发吧。他的话也让我再次感受到日本人对甲子园高中棒球赛的深厚感情。

像这样,人们面对同一件事,会有很多种不同的声音,所以必须能从多个角度考虑问题,表达出自己的观点。没有"标准答案"也没关系,但要能把自己的观点和理由向别人解释清楚,这种能力在今后会越来越重要。

孩子们的生活圈子很小,能亲身经历的事情有限。家长需要让孩子在阅读中尽可能多地获得各种"体验"。读报纸可以间接地接触到形形色色的事,了解不同年龄层和立场的人的想法。靠上网做不到这一点,我们刷手机时只关注自己感兴趣的新闻和话题。只有跳出兴趣圈,接触多元化的价值观,才能形成逻辑思维能力。

☺ 佐藤妈妈的育儿专栏①
家长的两极分化——别再"手机育儿"了

在这个智能手机时代,爸爸妈妈在养育孩子的同时,日常生活中也离不开手机。我觉得用手机查找育儿知识未尝不可,但最好不要总在孩子面前看手机,否则手机就会变成家庭环境的一部分。

如果家长每天都读报纸,孩子也会好奇地凑过来看看有什么新鲜事儿,家长和孩子一起讨论,家里便会形成崇尚纸质文字的文化。如果家长总是盯着手机,孩子恐怕也不会喜欢阅读。只看手机的家长和读报纸的家长营造出截然不同的家庭环境,而且以后会分化得越来越明显。有很多家长在讲座时问我:"孩子沉迷手机游戏,不好好学习怎么办?"我觉得首先应该在家里培育阅读文化。

最近,越来越多的年轻家长喜欢用手机给很小的孩子放动画片,自己也沉迷于游戏或社交网络。在地铁上,有时能看到有的妈妈给很小的孩子看动画片,让孩子安静下来，自己也一直盯着手机。

我的孩子还小时，"电视育儿"曾经引发过争议。有的家长与孩子交谈不看着孩子的眼睛，不给孩子读绘本，而是一直让电视机"带孩子"。这样的孩子语言发育较慢，成了当时的社会问题。如今，"手机育儿"的爸妈不在少数，今后一定会带来很大的问题。连从小学或初中开始用手机的孩子都很难戒掉手机，何况年纪更小的孩子沉迷于手机。这样做太危险了，将来很有可能造成孩子对手机的过度依赖。

手机为我们带来了便利，而家长对手机的观念和态度也会影响孩子的未来。现在家长们都需要再反思一下自己的"手机观"。

高考考的都是经典试题

2019 年 11 月到 12 月，实施在即的统一考试宣布调整计划，令学校和教育机构措手不及。考生和家长很关心高考制度会如何改革，此外，"没有历年真题"也成了困扰家长和考生的一大难题。

参加首届统一考试的考生自然没有历年真题可以参考，之后的考生每年也只会多一套真题参考。目前能参考的是之前中心考试的历年真题和试行测试题，不过这一点对所有人都是一样的。还有很多考生担心中心考试的往年试题没有帮助。其实新高考只是出题形式变了，所有科目需要掌握的知识点并没变。因此，中心考试的历年真题今后也还是很重要。我建议实施新高考之后的考生除了统一考试的历年真题，中心考试的历年真题也一定要做。

中心考试的历年真题以涵盖各科目内容的基础题为主，都是难度适中、设计精妙的好题。统一考试的争议在于评价学习能力的方法，即语文和数学考试是否新增文字叙述题，但无论试题如何变化，考生首先都要做到确保基础题要做对。要实现这个目标，最有效的方法就是做中心考试的历年真题。考生可以根据配套的答案和讲解进行自学，历年真题相当于一套非常好的教材。我认为统一考试的关键在于"基本学习能力＋阅读理解能力"，所以一定要做好中心考试的历年真题。

另外，历年真题越早开始做越好。擅长英语和现代文阅读的学生在初三或高一阶段就能做出一部分，一定要提前尝试一下。这个阶段主要是大致熟悉试题，无须追求满分。

在高考制度变革之际，"没有历年真题"对所有考生来说都是一样的，大可不必在意。总想着自己无法主宰的东西也没用，只能用现在有的资料去拼搏。这样想的话，大家就明白中心考试历年真题的重要性了吧。

历年真题越早做越好

借着这次新高考制度改革的机会，我告诉大家一个永远不过时的备考诀窍，那就是要做历年真题。第 6 章还会谈到我家的经验，这里我先来详细介绍一下为什么要做历年真题。

确定了报考的目标，就要尽快买来这所学校的历年真题。家长可以和孩子一起仔细阅读前面几页关于命题倾向和经常会考的范围等的分析，具体了解这所学校考试的风格。[1]

---

[1] 日本的高考分两次进行。第一次是全国统一考试（中心考试或共通考试）在每年 1 月份举行。之后，考生还需要在 2 月、3 月（转下页）

很多学生早早买来目标学校的真题集，却想着"我现在做还得不了高分""等成绩提高了之后再做"，结果一直不做，拖到最后，还没做真题就上了考场。有不少考生都后悔没有早一点做真题。

之所以会出现这种情况，是因为他们把真题当成了检验自己学习成果的试金石。面对考验，谁都会担心自己考砸，于是就会下意识地往后拖。把真题当成试金石或者要攻克的城堡，会阻碍考生充分利用真题集，应该先改变这种想法。

真题和模拟题有一个本质不同，那就是真题是目标学校真正用过的考题。确定了要报考哪所学校，就要尽可能多做真题，每多做一年的题都会提高录取的可能性。

与只做了1年真题的考生相比，做了10年、20年甚至30年真题的考生在考场上的发挥肯定更好。做的真题越多，就越熟悉目标学校的命题倾向和常考的范围，而且"做过××年的真题"也会变成一种考生的自信，可以使考生更沉着地面对考题。

考生最晚也要从高三那年的9月①开始做真题。擅长的

（接上页）期间到自己报考的大学参加各校举办的二次考试，相当于中国一些大学的自主招生考试。

① 日本学期开始于4月，所以高三学年的9月，相当于国内高三年级的下半学期。

科目可以更早开始，以便在一定程度上了解目标学校的试题难度以及自己与目标之间的差距。较早开始做真题时，不用做完整套试卷，可以挑自己擅长科目中会做的部分做，也可以挑不擅长的部分优先攻克。

最重要的是一定要尽早接触目标学校的真题。开始得越早，就有越多的时间从容地做完更多题目。

统一考试结束后到二次考试之前，应该把所有精力都用在做历年真题上。这段时间，除了睡觉、吃饭、洗澡和上厕所，其余所有时间都要用来学习。我的孩子们也是这样，体力好的三个儿子每天复习超过15小时，女儿想保证充足睡眠，每天也要复习13小时以上。

他们平时都用客厅的桌子学习。临近二次考试时，有的孩子会把二楼的一个房间当作"真题室"来用。二儿子做英语听力题时就会去那个房间，集中注意力锻炼听力。三儿子则在那个房间里贴上每天的计划表，整整"闭关"了将近40天，严格按计划学习。

我的四个孩子都说，"做大量真题对通过东京大学考试的帮助最大"。实际上他们都在备考期间做了25年的历年真题。在此基础上，儿子们还做了20到30份东京大学模拟考试题，女儿更是做了 100 份。我女儿从初一开始在高考辅导机构铁绿塾上课，做过的历年真题和历年的模拟考试题加起来竟有 125 份之多。

真题做得越多，距离报考的大学就越近。备考的诀窍就是及早开始做题。

结论：基本学习能力永远是核心

尽管统一考试的两项核心改革"英语社会化考试"和"文字叙述题"暂缓实施了，但其实不论制度如何变化，考察的核心到什么时候都不会变。

基本学习能力永远是最重要的。我觉得条件允许的话，可以让孩子在上学前参加早教班，或者买来市面上的练习册在家做，从小打牢基础。孩子小时候的学习只能慢慢来，可以早一点开始，循序渐进。

在孩子上小学之前，最好能掌握平假名的读写、10 以内加法和乘法口诀。现在的孩子们在进入小学时，学习能力就开始两极分化。注重家庭学习的孩子入学时就能流利地念出平假名，而认为"学习由学校负责"的家庭的孩子几乎完全不会读平假名。孩子们的差距这么大，不会读平假名的孩子刚一入学就会感到自卑，上学又怎么会开心呢？做家长的肯定还是希望自己的孩子能充满自信地开始小学生活吧！

高考需要的能力说到底也是建立在稳固的基本学习能力之上的。随着年级升高，学习内容会越来越难，基本学习能力不稳固，孩子就无法掌握更多更难的知识点。没有在小学阶段掌握基本学习能力的孩子，在中学阶段的学习和高考中会遇到重重阻力，所以考虑到将来的高考，也应该尽早培养孩子的基本学习能力。

不过也请您不要觉得"我的孩子已经来不及了"就轻易放弃。学习跟不上时，一定要下决心从最初觉得学不懂的地方开始复习。如果现在学得有些吃力，请放下面子，不管孩子多大，都要陪孩子一起重新巩固基本学习能力，之后才能通过努力去应对各种变化。

今后，在培养基本学习能力和阅读理解能力方面，家庭学习将起到重要作用。从下一章开始，我会具体介绍小升初择校和高考之前必须做好的各项准备。

第 2 章

父母首先要下决心

—— 孩子上大学前以孩子为中心

我下决心"陪读陪到底"

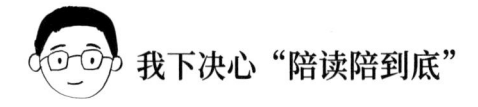

我之所以下决心"陪读陪到底",有两个原因。

一个原因与我上大学时兼职做家教时的经历有关。我给一个小学五六年级的女孩做过两年家教,负责数学、语文、社会和科学这四门功课,主要是辅导她做作业。这个女孩当时在一家很有名的辅导机构上课,用的教材内容非常翔实,让我十分惊讶。每个科目的教材都十分精练,内容量适中,便于学生背下来,逐步积累。

我成长在大分县,高中毕业前一直过得很悠闲,所以就更加感到震撼:等我有了孩子,我也要让他用上这么好的教材,学习更多更好的知识。

还有一个原因与我大学毕业以后在高中任教时的经历有关。我在结婚之前,曾经在老家大分县的高中当过两年英语教师。那段时间,我意识到无论老师在学校多么尽心尽力地教课,也需要家长在家里密切地关心和辅导,孩子才能养成好的学习习惯。

我怀上大儿子时，便想着作为家长一定要为他提供良好的学习环境，陪伴他好好学习。我下定决心要让他发挥出全部潜能，考上自己能力所及的最好学校。

我感到工作和家庭很难两全，于是选择当全职妈妈。我在怀孕期间，找来各种育儿书、小学的语文和数学课本等所有能找到的书。为了防患于未然，我还看了很多关于育儿带来的心理问题等负面信息的资料。因为我觉得如果事先有所了解，很多问题遇到时就能泰然面对了。

关于养育孩子，我在了解和思索各种情况的过程中，发现升学备考是每个孩子成长道路上的必经之路。在孩子眼里，学习很辛苦，属于不想做的事。正因如此，我更要让孩子快乐地面对学习，自己也要和孩子一起享受学习的快乐，而不是严阵以待，强迫孩子埋头苦学。于是我又根据这个愿望去考虑具体的方法。

参加升学考试首先肯定要背诵很多知识点。再说，要掌握基本学习能力，也需要一定的知识储备。

大儿子出生后不久，当时的文部省（现文部科学省）开始提倡"宽松教育"，掀起了"批判填鸭式教育"的风潮。只是机械式背诵固然没有意义，但我认为只有储备了相应的知识，才能形成应用能力。所以我没有一味放松，而是选择稳步培养孩子的基本学习能力的道路。之后，我陪伴四个孩子不断探索，尝试了很多方法，一点点改进自己的升学考试复习方法，直到今天。

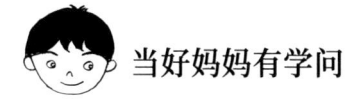

当好妈妈有学问

如今，常能听到有人说"女人必须兼顾工作和育儿""妈妈也要拥有自我"等。

可能有人认为，全职妈妈只做家务和带孩子，很没意思，不过我觉得当全职妈妈也是一项十分具有挑战性的工作。孩子是上天赐给我们的礼物，所以我就有责任不遗余力地照顾他。我一直是这样想的。

如今，拥有工作的女性越来越多，也有很多家庭选择夫妻双方都去工作。每个家庭可以根据自己的情况来选择，但我觉得家长还是应该尽量享受做父母的快乐，无论对自己，还是对孩子，这都是幸福。

三个儿子在滩校（神户市）上学期间，我每天早上4点半就起床，做好足够的米饭，为三个儿子和丈夫准备便当。

从我家到滩校，坐电车需要 1 小时 40 分钟，中间还要换乘。所以我必须早早地把三个孩子叫醒，督促他们穿戴整齐，6 点多一点就要送他们出家门。孩子们没有时间在家安安稳稳地吃早饭，除了便当之外，我就再做一些饭团，让他们在电车上或到学校以后吃。

送走三个儿子，我再去叫女儿起床，帮她穿戴整齐，准备上学。丈夫负责把女儿送到车站或学校，所以他每天也要很早起床。

到了 9 点多，忙碌的早晨终于告一段落。接下来我要洗衣服、刷碗，不过在准备升学考试期间，我首先要为孩子们的学习做好准备，比如复印习题集、标记重点内容等。做完这些，一转眼就到了下午。孩子们傍晚回来，我要到车站接上他们，再送到小提琴班或者辅导机构。趁他们上课的时候，我会回家准备晚饭，没有一刻闲工夫。晚上，我陪着孩子们学习，一直陪到他们睡觉，我经常忙到凌晨 2 点才能上床睡觉。

要说我白天会不会犯困……我有时感到困了，就在去辅导机构接孩子时，趁着他们还没出来的工夫，在车里迷迷糊糊睡上 10 来分钟。

四个孩子每天都有很多安排,我每天都忙着帮他们完成日程,那些日子也过得特别充实。

辅导孩子学习是父母的职责

或许很多家长会担心:"管得太多会不会让孩子厌烦?""家长帮得太多就成了过度保护,不利于孩子成长吧?""太娇惯孩子,会不会让孩子变得很任性?"其实,在辅导孩子学习和准备考试这件事上,家长完全不必顾虑或犹豫。

有句话叫作"出门靠旅伴"。对家长来说,孩子准备升学考试的过程就像一场旅途。主人公当然是孩子,但是为了让孩子顺利抵达目的地,也就是考上心仪的学校,家长也要帮助孩子,一起向着目标努力。

我们可以想象一下妈妈做咖喱饭时的情形。

假设做饭这件事是妈妈负责。这时,如果家人帮忙洗洗土豆和胡萝卜,或者把水池里用过的碗筷洗干净,妈妈就会轻松很多。哪怕只是帮忙焖上米饭,妈妈也会很开心。做好后全家人一起享用,虽然只是和平时一样的咖喱饭,但吃起来一定会更香。妈妈感受到家人的关爱，也会觉得很幸福。与"做饭是妈妈的事，你当然要做好"的态度相比，有家人帮忙显然好得多。

只要多一点点用心，家人之间的亲情就会更牢固，妈妈做饭的过程也会更幸福。妈妈陪着孩子一起学习和准备考试，也是一样的道理。家长也不要认为学习理应就是孩子自己的事，只要多少给孩子一点点帮助，学习就会变成十分快乐的事。

说到这儿还有另外一件事值得一提——我的四个孩子从来没长过蛀牙。

大儿子出生后过了一段时间，我看到他长出了小小的下门牙，别提多可爱了，就想着一定要保护好牙齿，所以每三个月带他去看一次牙医。医生会给孩子们刷牙，检查有没有龋齿。回家的路上我们就全家一起去吃一顿快餐作为"奖励"。直到孩子们长大以后，提起当时的情形，他们还会说这是最开心的事。所以，我的孩子们都特别喜欢看牙医。

平时我会给孩子们刷牙，每天每人仔仔细细地刷上20分钟，一直到他们小学毕业。用牙刷刷完之后，再用医生开的漱口水清洁口腔。孩子们的乳牙都很小，不过6岁前后刚长出来的恒牙上有很多又细又深的勾缝，特别不好刷。这些牙非常容易长蛀牙，所以我会尤其留意这样的地方。

功夫不负有心人，孩子们的牙齿都很健康，直到现在也没有长过蛀牙。

孩子们现在自己每天都会认真地刷牙，保持一口洁净健康的牙齿。如果当初我只要求他们好好刷牙，却没有坚持培养他们刷牙的习惯，他们恐怕就没有这个好习惯了。

学习也是同样的道理。

想让孩子学习，家长不能只是嘴上说"快去学习"，而是应该无微不至地帮助孩子，引导他们养成学习的习惯。这样一来，就算以后家长不在身边了，孩子也会自己主动去学习。家长不帮助孩子付诸行动，孩子自己绝不可能养成学习习惯。

虽然计算、背诵等都需要孩子自己去做，但家长可以核对答案、复印习题集、用荧光笔标出容易错的地方等，这些工作一定要帮孩子们做好。

孩子们上了小学以后，第二天的书包、要带的东西都是我来整理和确认的。而孩子们上了大学，开始离家独立生活，自己也都能把自己的生活安排得井井有条。

大学期间，我的三个儿子在东京大学附近一起租房住。他们会打扫房间、洗衣服，好像还会一起做饭。即使我没有让他们从小帮忙做家务，到了不得不做的时候，他们也会学着自己做。虽然偶尔也会有人找我诉苦"被子发霉了"，不过孩子们不都是这样，经历各种各样的突发情况，自然而然地长大独立吗？

用陪伴化解青春期叛逆

孩子们准备小升初考试的这段时间，也是开始青春期叛逆的时期。我的孩子们小学时都在一家叫浜学园的升学辅导机构上课，这家机构的录取考生经验谈里也有很多关于叛逆期的种种艰辛的内容，我每次读到这样的地方都忍不住会掉眼泪。叛逆期会严重影响孩子的学习动力，对家长来说也是一个严峻的考验。

不过，我的四个孩子都没有太明显的叛逆期。他们虽然有时也会顶嘴，但没有到影响学习的程度。

我觉得，这或许得益于从他们出生那一天起，无论做什么，我总是陪在他们身边。读书时，学写汉字时，练小提琴时……不论什么时候，我总是就在身边，孩子似乎也习惯了我的陪伴。

除了精神上的陪伴，我和孩子们在物理上的距离也很近。我家没有孩子专用的房间，他们吃饭和学习都在客厅。夏天，我只打开客厅的空调，大家都聚在这里，吃饭、学习，甚至睡觉都在我的视线范围之内。对孩子们来说，妈妈在身边是最自然不过的。或许正是这种近距离陪伴避免了孩子的叛逆行为。

例如有的家长从来不关心孩子的学习，快到升学考试时，却突然对他说："你的成绩太差了！""好好学习！"孩子会怎么想呢？我想他肯定会产生逆反心理，觉得爸妈多管闲事吧。平时漠不关心的人突然凑到眼前，无论是谁都会不知所措。孩子叛逆严不严重，取决于家长以往与他们的相处方式。

有些人认为，青春期叛逆是孩子们心理成长过程中不可或缺的阶段，但我觉得不叛逆也挺好。

我和滩校的同学妈妈们聊天，发现其实很多孩子都没有叛逆期，我个人也觉得这没什么问题。因为在准备升学考试的关键时期赶上孩子的青春期叛逆，大家肯定都会过得很艰难。

我总对孩子说"咱们一起努力吧"，我觉得也许正是这种积极心态抵御了他们的青春期叛逆。

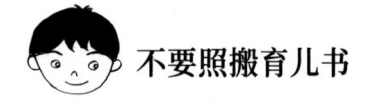

不要照搬育儿书

决心"把育儿做到最好"和"陪读陪到底"之后，我读遍了各种育儿书、教育类图书乃至小学教材等，用我自己的方式对育儿这件事做了彻底"研究"。然后，我发现了一件事，那就是不能照搬育儿书。

在我怀大儿子期间，流行"让宝宝趴着睡"，说这样能让孩子头型更好看。但我担心宝宝趴着睡会难受，觉得这种做法太奇怪了，就根本不去理会它。后来竟然发生了多起婴儿趴睡窒息死亡的事件。

无论是多么权威的专家写的育儿书，只要自己觉得怀疑，就不应该照搬照用。每个孩子都是独一无二的，我的四个孩子在性格、体格和体质方面也都各不相同。博览群书固然重要，不过对书本中的知识，也要在积累和梳理的同时做出取舍。经过了这个过程，自然就会形成属于自己的育儿经。妈妈是最了解孩子的人，所以育儿时一定要自信，不能被各种信息淹没了。

我每时每刻都在想着孩子和他们的学习，有时正开着车，或者正在做饭，就会突然想到"数学可以从那本习题集开始做""我也许该用更轻松或者搞笑的方式给孩子讲解文言文"。

我看报纸或读推理小说时，会在桌子上摆好四张纸，分别写上每个孩子的名字。有时我看政治新闻，读着读着突然冒出一个想法，如果我觉得可能对大儿子有用，就记在大儿子的那张纸上。如果你十分专注地认真思考一个问题，就会在一些意想不到的时候产生某个想法。

积攒了足够多的想法之后，我会给每个孩子专门腾出一块时间，比如8—9点是大儿子的时间，9—10点是二儿子的时间，10—11点是三儿子的时间，专心思考一个孩子的学习。我会一边翻看之前记下来的想法，一边思索该如何帮这个孩子提升弱项等。我想到办法就让孩子实践，如果真的有效，我也会感到特别开心。

在我看来，得过且过的人生太可惜了。有人会说"我家孩子理科不好，这是遗传""这孩子不擅长背诵，社会这门课学不好也没办法""孩子总是踩着点到校，因为他不擅长早起"等，我觉得找这些借口放弃努力真的很可惜。其实只要用心想办法，任何科目都可以一点一点提高。

我觉得人生不应该平时稀里糊涂混日子，到了关键时刻就去碰运气。运气是靠自己的努力积攒出来的。因此，家长一定要了解孩子不擅长的地方，绞尽脑汁帮他渡过难关。

不要和其他孩子比较

"你是哥哥，要让着弟弟妹妹。"

"别人能做到，你为什么做不到？"

这样的话，也许每个做父母的人都曾经对孩子说过。不过我从来没有拿我的孩子与其他兄弟姐妹或者与他们的朋友做过比较。

我家有四个孩子，所以我格外注意公平对待每个人，不在他们之间比较。

他们不过是出生的顺序不同而已，所以无论是学校的成绩好坏还是小提琴拉得好不好，我都从来不比较。对于他们每个阶段的学习目标，我有一个大致的规划，但实现目标的过程每个孩子都不一样，只要分别掌握每个孩子的情况就好了。

对于点心和每日三餐，我也尽量做到公平分配。如果有人想多吃或少吃一点，他们可以在公平分配的基础上，相互之间自行调整。孩子们每天都要吃饭，在吃饭上做到了"公平"，他们自然能学会体谅彼此。

例如，有时候最后只剩下一块梨，家长很容易说"你是哥哥，要让给弟弟妹妹"。但我认为要大的让着小的不公平，这样做只会破坏兄弟姐妹之间的关系。所以如果只剩一块梨，我会把它再切成四等份。哪怕再小的细节，我都要坚持做到"平等"。

另外在称呼方面，我会直接叫孩子的名字，而不会用"哥哥""妹妹"等喊他们。起初是因为我喜欢这样叫，不论是表扬，还是批评，我都会亲昵地叫他们的名字。这样很公平，也帮助我们母子之间以及手足之间在任何时候都能和睦相处。

四个孩子之间也用名字称呼彼此。二儿子、三儿子和女儿喊大儿子时都是直呼其名。

所以，我们家的四个孩子关系很好。他们从不吵架，放学回来经常一起玩耍。在学习方面，因为家长不比较，他们才会互敬互爱，给彼此辅导功课。

大儿子无论什么事都能轻而易举地做得很出色，其他三个孩子特别佩服他。二儿子是个热心肠，喜欢说话，他给弟弟妹妹讲题时总会做一些延伸。三儿子学习知识非常扎实，讲题也总是特别细致。有时候他给女儿讲题讲得太细致了，半天还没进入正题，急得女儿直跺脚。三儿子属于靠勤奋努力稳扎稳打的类型，其他三个孩子格外信任他。我的女儿则心地善良，做事严谨，不慌不忙。

三个男孩先一步搬到东京以后，四个孩子建了一个聊天群，经常聊得热火朝天。女儿每次把模拟考试的成绩发到群里，哥哥们就像食人鱼一样，争先恐后地围过来关心她，"语文感觉怎么样？""这个部分还需要再巩固一下"。不过有一次，女儿发了一条"今天是学校体育节，我玩得特别开心"，群里明明显示已读，却一直没人回复。也许男孩们就是这样吧，他们对学习以外的事好像都不太感兴趣。

学习需要因材施教

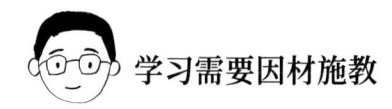

我家的四个孩子都很擅长数学,我想或许是因为他们小时候都通过早教课程把计算的基础打得很好。不过,他们的学习方法、弱项和强项都各不相同。我觉得了解孩子的天分和个性也是妈妈的一个重要职责。

我的大儿子擅长背诵,喜欢自己的事情自己做。他的情绪总是很稳定,对我的要求一般也都会照做,真的一点也没有让我费心。

二儿子则需要我约束着才行。在高三那年8月份的东京大学模拟考试中,他因4分之差只拿到了B判定[①]。我本来想着"只差4分,应该没什么大问题",没想到暑假期间他一下子重了7千克,整个人胖了一圈。后来,我和他同学的妈妈吃饭时才听说,原来他利用辅导机构上课的间隙和朋友打卡了大阪的各路美食!他显然没有把全部精力放在学习上。

---

① 日本的辅导机构根据高考模拟考试的成绩评定考生考上指定大学的概率。通常采用A~E五档判定。A判定考上指定大学的概率大于80%,B判定约为65%,C判定为50%。

接下来到了11月的模拟考试，这次他得了C判定。我告诉他"现在不拼更待何时"，开始在家从早到晚陪他复习。这个孩子没人看着就不好好学，所以我也不敢让他去上辅导机构。滩校的课程到1月份就全部结束了，之后的每一天，我都在家陪他学习13小时左右，帮他准备习题集，念文言文的注释，打分等。我怕把打分用的粉色铅笔弄丢了，做家务时就一直夹在耳朵上。当时我给二儿子取了个绰号，叫"压线君"。每次都要逗他，"压线君，吃饭啦"。

三儿子总是慢条斯理的，做什么事都喜欢深入思考。让他做两个哥哥做过的同样试题，他用的时间总是最长，从小学起一直如此。这不是因为他计算速度慢，或者想不出答案，而是因为他喜欢做"多余的"事，比如自己给数学公式研究出一个独创的用法，或者仔细分析每一个长句等。

三儿子特别喜欢查资料。他曾经买来英语词源词典，连派生词都查个清清楚楚；做文言文题目时，他也不满足于得分，还要埋头啃厚厚的专业书。精通德语的森鸥外在一本书中写过："查词源有助于背单词。知道了词源，就能把前缀、后缀等联系起来，更容易理解文章整体的含义。"虽然把自己的儿子与森鸥外相比不太合适，不过这正是他爱思考的表现。虽然这样做要多花很多时间，但我还是决定尊重他的这个好习惯。

不过话虽如此，准备考试的时间有限，学得太细就复习不完了。所以，我专门为三儿子制定的日程，是根据准备高考所需的时间倒推出来的，这样既能保留他的优势，又能让他从容地复习完所有科目。

家务可以量力而行

因为我写了一些育儿经验书，可能有人觉得我无论做什么事都会力求尽善尽美。其实，我也做不到所有事情都完美无缺。

家里有四个孩子，我要陪他们每个人准备考试和辅导机构的测验，参加学校的活动，整理换季衣物等，一天到晚总有忙不完的活。虽然我是全职妈妈，但也总是忙不过来。有一次想和同学妈妈们约着一起吃饭，却发现接下来几个月的日程都已经排满了。

这种时候该怎么办？我的答案是：适当偷懒。

我的性格本来就是乐天派，生活中不讲究面面俱到。有些热心孩子教育的妈妈属于完美主义者，在辅导孩子之余，还能时刻保持家中整洁，照顾好老公的日常起居，自己也打扮得很精致。我要是像她们那样，肯定坚持不下去，最终还会被"做不到"的罪恶感折磨，身心俱疲。

我决心一定要把孩子们的学习和生活作息管理好，至于其他方面，都是奉行"差不多就行了"。我甚至会把孩子们在模拟考试和小测验中错过三次的试题抄在纸上，贴到墙上和天花板上，根本不去管美不美观。我认定，孩子的学习更重要。

在考试之前的一周里，我总是特别忙。要陪在孩子身边念语文现代文的题目，核对答案，还要给其他孩子做饭，于是，有时候干脆连被子都不叠了；用过的碗筷来不及洗，就都堆在水池里。我觉得这都没什么关系。省下叠被子、铺被子和洗碗的时间，哪怕陪孩子多做一道题，我觉得也是值得的。我丈夫在这方面很理解我，从没任何怨言。

妈妈不是超人，需要自己决定做事的优先顺序。有时只有适当地偷偷懒，才能更好地努力。

夫妻分工，不要彼此否定

在我家，孩子的教育由我全权负责。

从大儿子出生以来，一直都是这样。我的丈夫很爱工作，把工作当作人生的意义，所以我就决定自己负责把孩子教育好。

孩子们从1岁开始上早教课程，再到小学、初中，我的努力渐渐地显现出了一些"成果"。不过丈夫属于"知情就忍不住插嘴"的人，如果他的建议跟我平时说的不一样，孩子们就不知道该听谁的了，所以我连成绩单也不给他看。我们也不是事先商量好的，就是自然而然形成这样的分工。丈夫顶多在升学考试前的11月份，才问一句："孩子他妈，今年能考上吗？"我觉得，多亏了我俩分工明确，孩子们才能坚定信念，把精力集中在学习上。

那么假如妈妈负责80%，爸爸负责20%，会出现什么情况呢？

在有一些家里，爸爸也会给孩子辅导作业。谁有时间谁就辅导孩子，这种做法虽然看上去比较合理，但当孩子成绩不好的时候，夫妻可能就会相互推卸责任，比如妈妈说"都怪你教孩子那些没用的"，而爸爸抱怨"是你平时没有尽到当妈妈的责任"。

夫妻吵架还会误导孩子，让孩子以为成绩不好是爸爸妈妈的问题，和自己无关。这种情况下谁都没有全力投入，关键时刻谁也不想担责任。所以，如果两个人一起带孩子，最好是明确一下分工，比如，妈妈负责辅导学习，爸爸负责接送上下学等。

如果实在需要两个人一起辅导孩子学习，也可以分别负责不同的科目，比如爸爸教数学，妈妈教英语等。滩校的学生当中也有这种情况，爸爸擅长数学，所以数学就全都由爸爸来辅导。不过，爸爸辅导孩子学习时，有一件事需要注意，那就是好汉不提当年勇。如果爸爸总说类似"我上学那会儿，这种题就是小菜一碟"的话，只会引起孩子的反感。一定要抱有和孩子一起快乐学习的态度。

明确分工之后，还有一个关键，就是不要否定对方的做法。尤其千万不要当着孩子的面否定对方。如果谁觉得不满意，那自己包揽下来就可以了。

我家的孩子上初中以后，经常学习到深夜。有一次，我丈夫说："你让孩子学到那么晚，他们多可怜啊。"我想他可能是对我的教育方针有点看法，但是他不了解目前孩子们所处的教育环境。所以我反驳他说："你说的这是什么话，如果孩子考不上心仪的大学，那才叫可怜呢。"丈夫听了觉得确实如此。

要全权负责孩子的教育，当然不会很轻松。孩子成绩不理想时，不能把责任推到丈夫、辅导机构或学校老师的身上，所以我的压力也很大。但也正是这样，我才做好心理准备，自己也一路努力过来。

滩校的同学妈妈中，有人是全职妈妈，也有人在公司上班。每个人辅导孩子学习的方式各不相同，但在准备小升初考试期间，大家都会认真对待。从选择辅导机构的方式，到孩子作业的完成程度，都能体现出家长是尽心尽力地陪伴孩子的。从大家的经历中，我也切身体会到，小学生的学习真的不能只靠孩子自己。

决定要报考的学校和专业时也一样。如果爸爸是工作狂，平时对孩子完全不闻不问，这时却突然跳出来说"这种学校不能报""你得学我这个专业，以后接我的班"，恐怕只会让孩子抗拒。

因此，我嘱咐丈夫，"你不要说希望孩子们以后也去当律师的话啊"。因为我希望拓展孩子们的可能性，不要限制他们的未来，最后果然四个孩子都没有选择法学院。丈夫显得有些失落，不过我还是认为千万不要随随便便干涉孩子。

< 大儿子的回忆 > 爸爸对我们的学习没有太多要求。他自己是东京大学毕业的，但不希望我们学得太累，最好能轻轻松松就考上东京大学。小时候，爸爸周末经常陪我们玩，和我们玩传接球，或者带我们去游泳。学习全是妈妈负责，所以这方面爸爸几乎没什么可说的，不过我记得每次问他政治、经济或法律相关的事，他都会很开心地告诉我。作为律师，他对这些方面很熟悉，给了我很多帮助。

< 二儿子的回忆 > 爸爸从来不插手我们的学习，但全家人都十分信赖他。假如我落榜了，爸爸一定会给我最大的鼓励。妈妈应该也会鼓励我，但是她受到的打击肯定和我一样大（笑）。我也曾经想过像爸爸那样当一名律师，但是我不喜欢社会类的课程，最终还是选择了理科。对我来说，要把"铁矿石出口国家排名"这种几年之后就会变的东西都背下来是一种煎熬。爸爸现在还会时不时对我们说"有没有人想来跟着我一起干啊"。作为儿子，我总觉得有点对不住爸爸。

夫妻达成一致：考上大学前以孩子为中心

家里的四个孩子，只要有一个要准备升学考试，我就忙得不可开交。我要接送孩子们去辅导机构，陪他们学习，给全家人做饭……每天的日程安排都精确到分钟。有一次丈夫从厨房对我说："孩子他妈，碗柜里没有干净碗了，都是用过还没洗的。"我说："你有工夫做现场直播，不如现在就赶紧动手洗吧。"之后他就再也没有抱怨过。

还有一次，我帮丈夫整理换季衣物，拿出了夏季西装，却忘了拿夏天穿的袜子。过了几天，丈夫说："孩子他妈，我的袜子好热啊。"我这才意识到"糟了，忘换了！"。丈夫眼巴巴地望着我，想让我帮他找出薄袜子，可当时正是孩子准备升学考试最关键的时候，所以我也就只是应付他说："不要紧，不要紧，这天气很快就凉快下来了。"

丈夫很少抱怨这抱怨那，或许是因为他能理解我把大部分时间都用在孩子身上了吧。丈夫工作到很晚才回到家里，只要换上睡衣，能喝上啤酒，就会心情很好。他从来不会对家务提出各种各样的要求，这种性格真的帮了我的大忙，我非常感谢他。

话虽如此，有时我们也会吵架。起因大多是丈夫回来很晚，看到孩子还在学习，觉得他们"可怜"。每当这时我都会很不高兴，"教育孩子是我的任务，你别插嘴"。

我们夫妻有一个原则，"要吵架就在孩子面前大大方方地吵"。人际关系不都是和和气气的，我觉得孩子也应该看到大人从争吵到和好的过程。父母面和心不和，反而会让孩子感到失落，而且大人有时候让步，有时候寸步不让，都可以让孩子从自己的角度去理解父母的主张，思考他们为什么会吵架。相比之下，孩子看到父母关系针锋相对，却不知道前因后果，这种时候心里会更难受。

不过，妻子不能用教训孩子的语气说丈夫。否则丈夫生气起来，"你凭什么这么跟我说话"，就会偏离最初争论的点，忘了到底为什么吵架。因此，吵架也要用对待大人的口吻。

学习的目的是充实人生

看到这里，或许有的读者会觉得我是个看重学历的人，但其实我的目标并不是学历。

每个孩子都拥有无限潜力，我只是不想设定各种条条框框，想尽可能激发他们的潜能，帮助他们实现自己的愿望，走上能力所及的最好的路。只是从结果来看，我的四个孩子都恰好考上了东京大学理科三类而已。"你要好好学习，将来考好大学"，这种话恐怕孩子是听不进去的。而且万一没考上，孩子会非常沮丧，认为自己的整个人生都失败了。这不是我希望看到的结果。

我再三告诫孩子，学习的目的是让自己活得更充实。为了能说出优美的词句，能就宪法发表自己的观点，看到路边的野花能表达自己的感受，这样的人生肯定充满了乐趣。无论孩子将来生活在怎样的世界，学习都是必不可少的。

因此，如果孩子手很巧，有艺术天分，想当传统手工艺人，我也会尽全力支持他。手工艺人也要用到涂料等方面的科学知识，想把自己国家的传统工艺介绍到其他国家，也需要用到英语。多学一点知识绝对不会吃亏。

我从没有要求孩子必须报考东京大学理科三类。他们就读的滩校汇集了很多想考一流大学的学生，这些周围环境的影响可能也很重要，但不管怎样，东京大学理科三类是孩子们自己制定的目标。准备升学考试是通往未来的必经之路，因为我早就想着要陪读到底，所以我只是尽力帮孩子们实现他们自己的目标而已。

学习伴随人的一生。在大学里自不必说，走上社会以后，仍旧要在生活和工作上不断学习新知识。我相信，在学校和家里养成的对待学习的态度会成为孩子们一生的财富。

第 3 章

考上理想学校的陪读秘籍

—— 时间管理和学习计划方面的技巧

把学习桌放在客厅

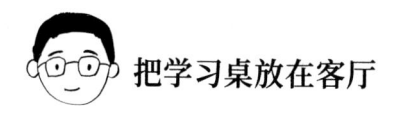

帮助孩子考上理想的学校，是每个家长的职责。在陪伴四个孩子准备升学考试的过程中，我摸索出了一些陪读技巧，下面就结合具体事例分享给大家。

我家住的房子是一幢独栋的二层小楼，对于丈夫、我和四个孩子来说，我们家足够宽敞，但我没有给每个孩子准备单独的房间，平时大家基本都待在一楼。在一楼的客厅里，对着两边的墙，各放了两张孩子们的学习桌。旁边就是吃饭用的矮桌。我们在紧邻客厅的日式房间里睡觉，卧室和客厅之间有一扇拉门，但平时都是开着的，所以我们起居、吃饭和学习都在同一个空间里（参见第58页）。

孩子们小时候，全家六口人都睡在这个房间里。随着孩子们逐渐长大，卧室越来越挤，先是丈夫搬到二楼去睡，后来我和女儿也到二楼去睡，只剩下三个男孩占用这个房间，不过我们全家都觉得还是生活在同一个空间里。

在大儿子出生之前,我就想好了,要把学习桌放在客厅。因为我大学毕业之后,曾经当过两年老师,那时的经历让我产生了这个想法。

那时,我们所有老师在学校都会尽心尽力地教课,嘱咐学生"回家一定要复习,才能把知识记得更牢固",但如果家里环境不好,孩子没法在家复习,成绩就一直提升不上去。这让我深刻地体会到家庭教育的重要性,最好让孩子在家长的视线范围之内学习。另外,结婚后,我给丈夫在二楼设置了一间书房,他却经常来一楼,在客厅里翻阅资料。看到丈夫这样做,我也很有感触:"连大人都觉得一个人待着太孤单,孩子肯定就更孤单了。我一定要陪在他们身边。"

假如孩子的房间在二楼,全家人吃完晚饭其乐融融的时候,孩子却只能独自爬上楼学习,他会感到很孤单。这样一来,学习变得很寂寞,孩子就会忍不住玩游戏或者看漫画,在消遣中寻找安慰。物理上的距离和心理上的距离都会阻碍孩子专心学习。

如果把学习桌放在客厅,吃完晚饭全家人放松一会儿,孩子就可以直接在客厅开始学习了。我在厨房洗碗时,也能随时看到孩子们的状态。

孩子们吃饭、学习和睡觉都在这同一个空间,所以我家的客厅总是有很多声响。有人在学习，有人在吃饭，有人在拉小提琴，这样的光景很常见。我觉得正是在这种环境中学习，孩子们才会把学习当作日常生活的一部分。

最近很多书都提到，"聪明的孩子"都没有漂亮的学习专用房间，而是在客厅或饭桌前学习，这种方法肯定真的能带来一定的效果。

孩子们偶尔想集中注意力时，也事先定好时间，比如在二楼的房间里关上 1 个小时。不过大多数情况下，他们都在一楼这个有点吵的客厅里学习。

除了学习，随时看到每个家人的表情也很重要。我每天看到他们，就能及时注意到他们是不是在学校遇到了什么烦恼或者开心事。就算孩子们到了青春期，变得有些不好相处，我与他们的交流也没有中断过。

也许因为从小就如此亲密，三个男孩考上大学以后也是一起在学校附近租房住，关系特别好。假如给每个孩子都单独安排一个房间，然后妈妈待在客厅，恐怕他们就不会手足情深了。

< 大儿子的回忆 > 如果当初我有自己的房间，可能就不会好好学习了。我喜欢总是有家人在身边的环境。晚上我们

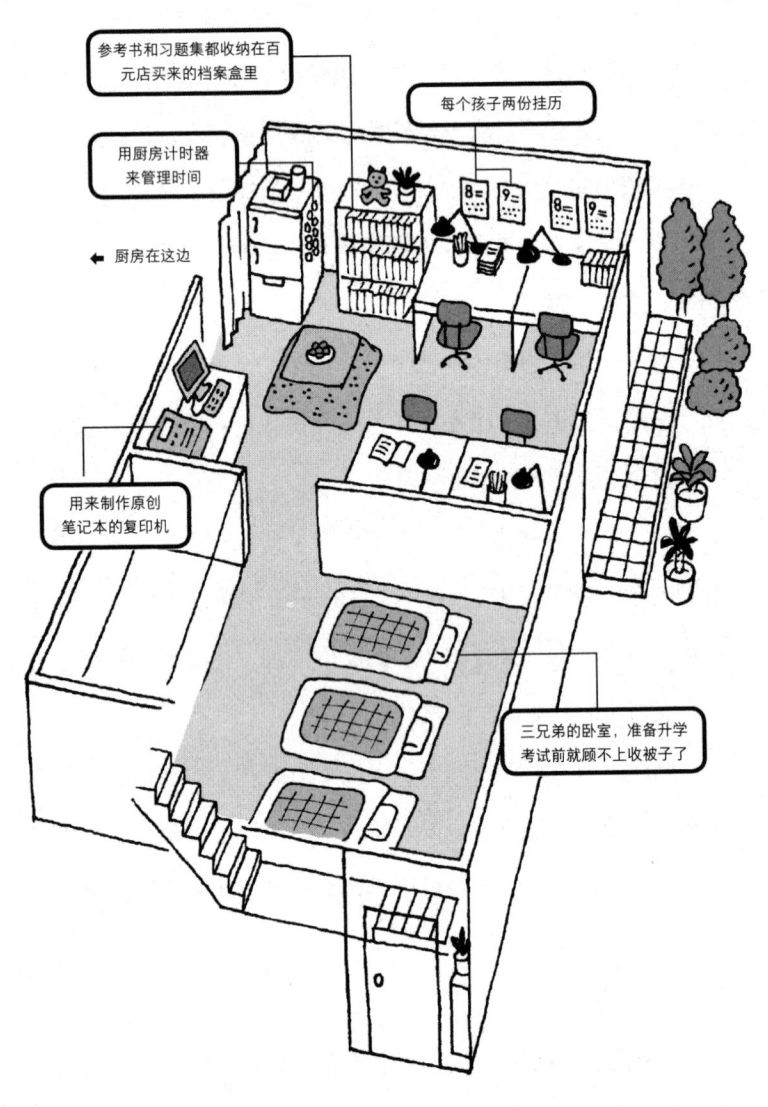

佐藤家一楼布局

就在紧挨着客厅的日式房间睡觉,所以几乎很少去放着电视的二楼。如果卧室在二楼的话,说不定我就会忍不住看电视。我觉得家里的布局设计非常合理。我也曾经在去朋友家玩时,感叹"原来世界上很多人都有自己的房间",但其实也没有觉得特别需要自己的房间。我们从小在这种环境中长大,习惯了这种亲密的感觉,所以上大学以后,我们兄弟三人在合租的公寓里也没有自己的房间,也不觉得有什么不方便。上了大学,我们每个人都很忙,有时到半夜才能打个照面,从来没有觉得太挤。

<二儿子的回忆> 因为我上的学校和辅导机构离家都很远,所以每次期中期末考试和升学考试之前,我都会在家复习。很多人在家里不能集中注意力,喜欢去咖啡馆或辅导机构的自习室复习,但是花在路上的时间真的很可惜。一边啜着冰咖啡一边学习可能很酷,但其实特别浪费时间。能否集中注意力取决于自己,所以我从来不苛求环境,而是养成了不断督促自己的习惯。不过至今为止,我曾经有过两次很想要一个自己的房间,原因是想找地方藏漫画。那时候,客厅学习桌的抽屉后面只能藏几本,让我很伤脑筋(笑)。不过也就是仅此而已吧,我没有认真想过这个问题。

<三儿子的回忆> 我从来没想过要自己的房间。刚上大学时，我和两个哥哥住在一起，我没有自己的房间，甚至也没想象过一个人生活。本来我就没有什么"自己专属的东西"，所以就算有了单独的房间，也没有多大用处。我在家时都是在客厅的学习桌或矮桌前学习，学习就是日常生活的一部分。

无论成绩好坏都要保持平常心

在孩子们两三岁时，无论做什么我都会鼓掌，表扬他们"真棒""太好了"。但他们大一些以后，可能只有在大型模拟考试中得了满分，或者期中期末考试的年级排名靠前时，我才表扬他们，而且也只是淡淡地说一句"不错嘛，挺好的"。

我知道有一种主张"通过表扬让孩子进步"的教育方针，我也会表扬孩子们的优点。但我觉得如果妈妈表扬得太夸张的话，孩子在没有得到表扬时心情会很低落。

如果孩子认为"我考得好，妈妈就会很高兴地表扬我"，就会觉得"考不好就得不到表扬"。这样一来，孩子可能变得报喜不报忧，渐渐地不再和家长分享在学校发生的事了。

在养育四个孩子的过程中，我感受最深的是，妈妈在任何时候都不能感情用事，面对任何情况都要沉着冷静。对待孩子的成绩，无论好坏，都要保持一颗平常心。

我虽然不会特别夸张地表扬孩子，但也没有批评过他们，所以不论成绩好坏，孩子们都愿意把试卷拿给我看，而且什么事情都愿意和我分享。

孩子表现得好，就说"太好了"，表现不理想，就说"好可惜"，妈妈保持稳定的情绪，孩子就不会受到伤害。

孩子学到多晚，我就陪到多晚

孩子们还在学习，我绝对不会自己先去睡觉。

我有时候在旁边给他们帮忙，有时候也会自己放松一下，坐在矮桌前看看书，或者枕着靠垫休息一会儿，但我总是在摆着学习桌的客厅里陪他们，不会自己去床上睡觉。

没有期中期末考试或者模拟考试时，孩子们在家不会学习到很晚。他们当然也要写作业，但基本上不会超过

12 点。

但邻近考试，他们经常学到凌晨 2 点甚至 3 点。有时候女儿先去睡觉了，接着二儿子和三儿子也去睡觉了，最后只剩下大儿子在学习时，我也依然会陪在旁边。孩子们上小学时，我觉得充足的睡眠也很重要，所以会调整他们的学习内容，确保学习时间最长的三儿子也能在 12 点半之前睡觉。不过上了初中以后，我就让他们尽情地安排学习了。

孩子们好像也不喜欢自己一个人学习，有时我只是去上个厕所，他们也会吃惊地回过头来问我："妈妈，你要去睡觉了？"有些孩子更愿意独自学习，只有这样才能集中注意力，不过我的孩子们似乎更喜欢我时不时跟他们说上一两句话，或者帮他们打分。我陪在旁边，他们就不会犯困，学习起来也更顺利。

三个儿子都在滩校上学的那段时间，我每天早上 4 点 30 分起床做便当。有一天晚上，一个孩子学到了凌晨 3 点，我心想只有 1 个半小时，索性不睡了，结果白天特别难受。从那一次以后，陪孩子们学习完了，就算时间很短，我也会钻进被窝好好休息。

把表调快 20 分钟

我一直教育孩子绝不能迟到,因为如果没有时间观念,做什么事都会很懒散。

如果总是觉得"汉字考试错一点没什么关系""忘带就忘带吧,没事儿",日积月累,平时的懒散到升学考试时就会造成很大的问题。

所以我把家里大部分表都调快了 20 分钟,只留下电脑旁边一个小小的闹钟是正常时间。多留出 20 分钟,就算碰上电车临时停车也不会迟到,出门前的准备多花了一点时间也不会耽误正事。用这个办法,我的孩子们上学、上辅导机构和兴趣班都从来没有迟到过。

妈妈只是嘴上说"时间就是金钱"还不够。您也可以把表调快一点,用实际行动培养孩子"凡事提早做"的习惯。这也是赢得所有升学考试的必备要素。

不过,我虽然决不允许迟到,但当孩子不舒服时,我也会鼓励他们请假休息。有一个孩子得了流感,我会给其他孩子都请假。因为他们可能也已经被传染了,外面说不定也有细菌,与其出去冒险,还不如乖乖待在家里。

我理解大家想拿全勤奖的心情,但我认为强撑着去学校没有意义，不如调整好身体，再去尽情享受校园生活。

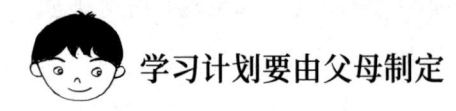

学习计划要由父母制定

备考是和时间赛跑。能否高效利用有限的时间，决定了能否考上心仪的学校。平时的学习也是如此，拖拖拉拉地学习很难取得好成绩。

在我家，从期中期末考试、模拟考试和升学考试前的复习计划，到小升初考试和高考的长期规划，几乎所有与学习相关的日程都由我来制定并安排执行。

家有四个孩子，几乎总是有哪个孩子处于备考状态，所以我真的特别忙。小学生和高中生的考试难度不同，家长能辅导的范围也不一样，但我要掌握从小测验到东京大学入学考试的所有考试的出题范围，为孩子们管理学习的日程安排。

特别是准备小升初考试时，孩子还很小，他们自己不会有计划性地持续学习。假设孩子原来的习惯是每天学习 1 小时，如果家长只是口头要求"从明天起，每天学习 1 小时再加 10 分钟"，只靠孩子自己是很难做到的，就算多学了 10

分钟,也未必能把这段时间有效地利用起来。而且最大的困难是他们坚持不下去。我认为妈妈应该在快到1小时的时候过来问一下,或者确认孩子最后10分钟的学习效果。

除了管理学习的时间,妈妈还应该决定孩子每天学习的具体内容。这样一来,孩子就可以不带任何压力地坐到学习桌前。看到孩子成绩提升了,妈妈也不会焦虑了。

下面我介绍一些制定学习计划的具体方法。

贴两个月的挂历,让计划一目了然

制定和执行学习计划的第一步,是让计划"一目了然"。我在每个孩子的学习桌前挂上两个月的挂历,把考试、学校活动等日程安排都写在上面。

可以把一本挂历拆开贴到墙上,也可以直接买两本挂上,总之要让孩子看到连续两个月的安排。

假设两周后,就是下个月上旬,有一场考试。只看当月的这一页,就不能时刻提醒自己快要考试了,也不容易带来动力和危机感。没有目标,规划复习进度时也容易变得懒散拖沓,直到挂历翻到下个月时,才突然慌张起来。

我负责在挂历上记录各种安排。四个孩子的日程各不相同，不马上写下来，就很容易忘记。所以我知道了孩子们的日程安排后，习惯马上记到他们各自的挂历上。

为每个孩子准备两份挂历，随时关注下个月的安排

洗澡和吃饭时间也要写进日程

每当快到期中期末考试时，我就会询问每个孩子各个科目的考试范围，以便制定复习计划。我平时不让孩子们吃

方便面，这时也会买来一些，给他们当复习期间的夜宵。此外，还要确认孩子们近期的活动安排，因此会比平时更忙碌，所以在我家，准备期中期末考试就仿佛是一项重大的活动。

孩子自己制定复习计划，搜集习题，翻到要看的地方，都要花很多时间。如果妈妈帮孩子做好计划，孩子回家后就不用再去想"今天复习什么"了，可以更高效地利用时间。

我平时总是给孩子辅导作业，所以听了考试范围就知道"这次语文要复习的内容很多""这次社会可能会考到孩子的弱项"等。

因此，我会根据每个科目应当重点复习哪些内容，大致需要多少时间，决定孩子们要学什么，然后给每个人一本笔记本，写上复习计划，交给他们。

比如，以下是某一天的复习计划。

○月△日

17点半左右　　　　　　到家

18—19点　　　　　　　生物习题集第 20～30 页

19—20点　　　　　　　英语试卷第 2 套和第 3 套

20—21点　　　　　　　晚饭、洗澡

21—23点　　　　　　　文言文问答题 第 1～7 页

每完成一项，就画上圈，当天的计划完成了哪些，还剩哪些，就都一目了然。之后再把未完成的内容加到第二天的计划里，就可以在正式考试之前做到万无一失。我会尽力让孩子按计划完成每天的复习，如果某一项没完成，就把具体的进度记到本子上，争取在第二天完成。

制定学习计划有几个要点。

首先，学习的内容要写具体。只写"18—20点 生物"就不太好，因为孩子18点坐到桌前，才开始思考复习生物的哪些内容，这样太浪费时间了。从习题集的哪一页开始做？如何打分？需要有人给读题吗？我会定好这些细节，趁孩子们上学时，在习题集或试卷上贴上便签，标出当天应该从哪里开始做，让孩子们到了时间就能马上开始复习。

另外，吃饭和洗澡的时间也要写进日程里。

一个孩子需要准备期中期末考试或模拟考试，其他几个孩子还是照常学习，这种情形在我家很常见。

所以我陪一个孩子复习的同时，还要想着抽出时间接送其他孩子去辅导机构。如果不提前定好吃饭和洗澡的时间，家里就会乱成一锅粥。就算实际上总会出现10来分钟的误差，学习以外的活动最好也提前做好计划。

最重要的是避免浪费时间。比如，准备小升初考试时，从家开车到孩子们上课的升学辅导机构浜学园，单程需要20分钟，所以三儿子上浜学园期间，我都是在回家的路上让他在车里吃晚饭。我把菜装进饭盒，再带上做好的饭团。男孩子吃饭也很快，三儿子两三口就能吃完，然后就可以躺在后排座位上睡一会。我们基本上晚上10点能到家。"到家了，到家了。"我把他叫醒，让他直接开始做我提前准备好的历年真题或者习题集，然后洗澡，这样，他12点半就可以睡觉了。

还有一点千万别忘了，那就是要根据孩子的性格制定计划。我的大儿子在很大程度上可以自己学，而二儿子和三儿子就必须严格按照计划来管理，所以我会根据每个孩子的不同性格，用不同的方式制定计划。能否把握好分寸，就要看妈妈平时对孩子们的了解程度了。

看到这里，有些读者或许会误解，以为佐藤家的孩子们每天都要按照我的计划从早学到晚，其实不是这样。没有考试时，也就是"平时"，孩子们过得都很悠闲。我会确保他们的作业和小测验都拿到满分，其他方面就不会太强求。

只有到了期中期末考试的一周前，以及中心考试的两个月前到东京大学二次考试期间,才切换成真正的学习模式。初中和高中阶段,孩子们在期中期末考试前往往每天只睡几个小时,一鼓作气地集中复习。准备小升初考试时,孩子都还小,所以我每天都要确保他们睡够 7 小时,而高考之前则每天都要学习约 15 小时。

孩子和自己的安排都要写在手账上

给四个孩子辅导功课,接送他们上兴趣班和辅导班,还要准备一日三餐,我每天都很忙,自己也需要做好时间安排。

我习惯用每日一页的手账管理日程。我用圆珠笔画上横线,把一页分成四部分,从上到下分别写上大儿子、二儿子、三儿子和女儿的日程安排,根据这些决定自己这一天的行动。比如这个时间准备便当,这个时间去车站接二儿子,接下来送大儿子去辅导机构,辅导三儿子准备汉字考试……我的日程表精确到分,每天早晨还要再确认一遍。

安排日程不能只在头脑里预演,还必须认认真真写下来。照顾孩子的过程中,经常会遇到孩子突然发烧等意想不到的情况，这时我也会同步修改手账上的安排。只在脑子里记着几点做什么，很难保证效率。一边记录一边整理，才能制定出更高效的计划。

即便如此，有时还是会出现日程冲突的情况。有一次，女儿看到我对着手账发愁，就主动提出"妈妈，要不然我今天不去幼儿园了"。于是，我给她请了一天假，"太谢谢你，这样我就能安排开了"。

妈妈的时间也是有限的。大家也一定要给各项安排设定优先顺序，别让自己过度劳累。

整理历年考试真题和参考书也是家长的工作

为各项考试做准备时，整理模拟考试的试卷、历年真题、参考书和习题集也是一项必不可少的工作。小测验和模拟考试的试卷会越积越多，我总是把它们整理起来，方便孩子需要时马上找到自己想看的内容。

或许有人觉得像这种小事让孩子自己做就好了。可是，整理参考书又不能帮助孩子掌握更多知识，不如我来整理，这样就不用占用孩子宝贵的时间，而且更重要的是整理得美观整齐，全家人也会更舒服。

百元店买来的盒子可以在整理习题集和参考书时派上大用场。

在我们家，孩子的学习桌都放在客厅，所以客厅的书柜上摆了 20 来个黄色档案盒，装着参考书和习题集，还有 30 来个透明文件盒，装的是历年模拟考试的试卷。档案盒高 23 厘米，长 35 厘米，宽 12 厘米。透明文件盒可以装得下 A4 大小的资料。

档案盒的侧面醒目地写着科目，比如文言文、数学、英语、英语单词、化学、生物、物理、世界史、日本史、道德……参考书和资料都可以装到里边。分类时必须细分到每一项，而不能只分大类。比如语文要分成"文言文"和"现代文"，"社会"细分成"世界史"和"道德"。

孩子们学习时，想复习文言文，就把文言文的盒子整个拿出来。这样的话，要用到其他参考书时，就不用再起身去找，也不用站在书柜前对着一堆书不知道该拿哪本，大大提高了学习效率。

透明文件盒用来装历年模拟考试的试卷。大儿子开始参

第3章 考上理想学校的陪读秘籍——时间管理和学习计划方面的技巧 73

加模拟考试后不久,有一次问我"上个月的模拟考试的试卷放哪了?我想再看一看"。试卷没有扔,但装在纸袋里与其他资料混在一起了。试卷不整理好可能弄丢,或者混到别的地方。我也考虑过用透明资料袋,但是装进去拿出来都很麻烦,还是文件盒更好用,所以我家一直用的都是文件盒。

百元店的档案盒派上了大用场,孩子们学习时可以把整个盒子拿到桌子上。要点是一定要按考试的具体项目分类

模拟考试的试卷装在透明文件盒里,装进去和拿出来都很方便省时。要点是每个孩子用不同颜色的标签加以区分

我在透明文件盒的侧面写上模拟考试的日期,并用不同颜色的胶带区分每个孩子的试卷,一目了然。大儿子用蓝色,二儿子用绿色,三儿子用黄色,女儿用粉色,还有中心

考试和东京大学二次考试的真题用红色。三儿子和女儿做了哥哥们过去的试卷，收获特别大。

整理并不只是把资料摆在书柜上那么简单。重点是要考虑怎样才能提高效率，避免浪费时间，给孩子留出足够的学习时间。

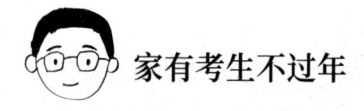

家有考生不过年

我认为升学考试不应该让孩子一个人去孤军奋战。"出门靠旅伴"，我不但自己要陪孩子一起努力，也会叮嘱丈夫和其他孩子："今年某某要准备升学考试，这段时间必须集中精力冲刺。"

我的四个孩子都经历了小升初考试和高考的复习准备阶段，从大儿子准备小升初考试那年起，家里几乎每年都有考生。在这种情况下，我家是不过盂兰盆节和新年的，最多也就是跨年时做一点荞麦面和年糕汤。第一次决定不做年夜饭的那年，我一下子轻松了许多，感到终于可以集中精力陪孩子学习了，从那以后，我就决定一直这样做了。

新年的第一天，奈良市内的所有神社都挤满了参拜的人。我们本来就不喜欢凑热闹,也没有考前求神拜佛的习惯,所以就不去了。如果孩子的爷爷奶奶、姥姥姥爷从老家过来,我就请他们带着不用备考的孩子去参拜。

如果有哪个孩子正在准备参加升学考试,我们暑假也不会全家去旅行。大儿子准备高考那年,女儿上小学五年级,她可能特别盼着一家人出去玩。不过只要告诉孩子"别人正在努力复习呢,咱们忍耐一下吧",孩子也都能理解;轮到他自己备考时,也会感谢其他人为了自己放弃旅行。在这方面,我丈夫也很理解和支持我,他会带着不用复习考试的孩子们去做游泳之类的活动。不论哪个孩子要参加考试,我们全家人都会团结起来,一起努力。

考试结束后,我们会利用春假到附近的温泉旅行。很多时候,下一年还有其他孩子要考试,所以最多只住两晚。只有下一年没有人需要参加升学考试时,我们才终于能去关岛等地旅行。

有人觉得旅行可以帮助考生放松身心,但复习考试没有那么轻松。考生必须花上整整一个暑假和寒假,在充满紧迫感的氛围中,踏踏实实地复习。

考试临近时,我会嘱咐其他三个不用参加考试的孩子"你们只要照顾好自己就行了",然后专门陪在要考试的孩子身边。这段时期，不用考试的孩子都过得很自在。我觉得，一家人共享这种不同于平时的气氛，一起努力，才能带来好成绩，增进亲情。

不过，对我个人来说，在养育四个孩子的过程中，要说唯一的遗憾就是全家旅行的次数太少了。大儿子出生后，我接连怀孕、生产，家里一直有小宝宝，没法出远门。后来等到小女儿终于长大一点，大儿子又开始准备升学考试。现在，孩子们又都和朋友们一起出去玩了。这也是没有办法的事，不过我也很希望什么时候全家人能一起来一场轻松惬意的旅行。

和孩子一起押题的快乐

看到这里，可能有的读者会觉得"家长要做这么多事，实在太累了"。其实，累归累，但我从来不觉得陪读是件苦差事。如今回想起来，我反而觉得那是一段快乐的时光。

这大概是因为我本人也特别喜欢和孩子一起备考和学习吧。

比如，我喜欢押题。每逢小测验，我总会和孩子一起押。不过，随着他们上了初中、高中，学习内容越来越难，已经超出了我的理解范围。所以我和孩子们开开心心地押题这个乐趣，到他们小学毕业就结束了。

后面还会介绍，我要求孩子"每次小测验都要争取满分"，看上去似乎和押题有一点矛盾，其实不然。我说以满分为目标，指学习时不要遗漏任何知识点。在这一步的基础上，我特别喜欢和孩子们讨论"这次可能会考这个知识点""去年考了这道题"，然后鼓足干劲，"好！咱们一起努力考满分"。如果押中了，我可以和孩子心满意足地分享喜悦。我觉得，妈妈给学习添加一些游戏的趣味性，更能激发孩子的学习兴趣。

有时没押对题，孩子也可能只考了 80 分，甚至 60 分。不过成绩不好，我也有责任，所以我不会责怪孩子。我会负起"连带责任"，对孩子说"咱们一起再看一遍"，陪着孩子复习。这样做是为了更好地复习准备考试，也是为了让孩子更好地享受校园生活。毕竟成绩好了，孩子在学校过得才开心。

我们还经历过这样一件事。

那时候，三儿子马上就要参加中心考试了，他正按照我的计划有条不紊地复习。我是第三次陪伴孩子高考，已经积累了很多技巧，所以复习得特别顺利。离中心考试还有三天，三儿子完成了所有复习计划。我说"哎呀，剩下的时间也不能浪费，我再去买点练习题"，去附近的书店买了三本新习题集。为了避免堵车等突发情况，中心考试的前一天，我们就要住进考场附近的宾馆，所以也没有很多复习时间了。倒数第二天，我让三儿子做做新买的文言文习题集，告诉他"把这个做完就不做了"。

三儿子做完题，我帮他核对答案。看到其中有一道题，内容是下面这样一个故事：平安时期有一位贵族看上了一名女子，想纳她做妾，又怕光明正大地送情书过去会遭到女方家人的阻挠。于是他把表达心意的和歌写在一种叫作"香盒"的狗便盆的盖子背面，派下人送了过去。收到情书的女方家人意识到对方是贵族，便成全了这门亲事。

三儿子看了感慨说，"原来平安时期还有便盆""果然有身份有地位的人受欢迎"，没想到正式考试时竟然也出了这篇文章！三儿子不用细读就把所有的问题都答了出来，省下的时间用来认真思考其他题目了。

我也是第一次遇到这种事，真的特别开心，庆幸最后和他一起做了这道题。

像这样，妈妈只要和孩子一起享受学习的快乐，就不会觉得辛苦。我接触各科目的各种试题，顺带读了很多有关的书，自己也觉得很有乐趣。

家长的陪伴决定考试成败

在本章的最后，我想谈一谈家长陪伴孩子备考和学习的意义。

我的三个儿子在滩校上学时，这所学校约有一半毕业生都考上了东京大学。所以对这所学校的孩子们来说，上东京大学是一件很"平常"的事。有的孩子分数足够考上东京大学理科三类，却因为"对人体不感兴趣，想学物理"，选择了理科一类；还有5名足球社团学生都考上了理科三类。在他们眼里，东京大学不是遥不可及的梦，而是近在咫尺的存在，大家都可以去挑战，所以我的孩子们也自然而然地锁定了这个目标。

对只有18岁的孩子们来说，周围环境的影响非常重要。家长陪孩子选择报考哪所高中、哪所初中时，一定别忘了这件事。

有的学校可能 20 年里都没有一个学生考上过东京大学，也有一些地方城市可能没有名牌中学。在这种情况下，家长可以用客观的数据（模拟考试的成绩等）来衡量自己的孩子与东京大学之间的距离。孩子上高一以后，家长需要有一个具体的规划，即孩子还需要学习哪些知识，并落实成计划。这听起来好像很难，但反过来想也可以说，只要按计划学习，谁都有可能考上东京大学。

从选择学校、辅导机构，到制定备考计划和日程安排、营造良好的学习环境、摸索适合自己孩子的学习方法，这些都是家长的职责。我认为，孩子能否考上心仪的学校，取决于家长付出多少精力。

有的家长一开始就不抱希望，"我自己学习就不好，所以孩子成绩也差，这是没办法的事"。这其实是一个误区。

小升初考试也需要一定的天赋，但读、写、计算的能力才是前提，而这些都可以通过练习提高，和遗传基因无关。这是我陪伴四个孩子学习的切身体会。

"我一定要帮孩子提升学习能力"，只要妈妈有这样的决心，就绝对能实现。不要让孩子只是随随便便地上学，随随便便地去辅导机构上课，随随便便地做作业……帮助孩子把所有必会的汉字都记住，确保笔顺正确和书写美观，计算题也要反反复复地多次练习，这样，孩子就会拥有牢固的基础，不断掌握更多更难的内容。

家长一定要尝试帮助孩子提高能力，而不是以遗传为借口，放弃培养孩子的学习能力。

<三儿子的回忆> 我家住在奈良市，滩校在神户，上学单程就要 1 小时 40 分钟。我每天去这么远的地方上学，确实很辛苦，但这个学校里有很多人都在向着东京大学努力，能和他们一起学习，我觉得很值得。

> 😊 佐藤妈妈的育儿专栏②
>
> **您还在根据"远近"选择辅导机构和兴趣班吗?**
>
> 　　如果四个孩子分别去上不同的兴趣班,我很难照顾得过来,所以他们上的都是同样的兴趣班。
>
> 　　上早教课程是为了培养读、写、算的基本学习能力。大儿子从满 1 岁时开始上家附近车站旁边的婴幼儿班。课程以语文和算术为主。后来这个校区关闭,儿子需要转到其他校区上课时,我突然想到一个问题:离家最近的就是最好的吗?
>
> 　　"同样是上课,当然要跟一个好老师学。"我开始查哪个老师最受大家欢迎,发现车程 30 分钟的一个校区口碑不错,当即决定转到那里。那里的老师无论是上课,还是辅导,用的方法都特别好,果然选对了地方。后面三个孩子也都是从 1 岁开始去那个校区上课,一直上到小学三年级,掌握了扎实的基本学习能力。

之后在挑选辅导机构和兴趣班时，我也是选择真正适合孩子们的地方。

小提琴班我选了"铃木音乐教育"。铃木教学法秉承"亲子共同成长"的理念，要求家长在家指导孩子练琴，让孩子像学会母语一样掌握小提琴。所以，我也开始一起学小提琴。起初我拉得更好，但后来孩子会在某一个瞬间超过我，这个过程特别激动人心。

我和孩子一起学习，就能知道这些内容有多难，有多累，反过来，孩子偷懒时，我也能第一时间察觉到。这段经历让我更加确信，无论做什么都要陪孩子一起面对。有些家长平时只管学校的功课，到了兴趣班就把孩子送进教室，自己去逛街，回到家也不闻不问，功课与兴趣班之间缺乏连贯性。

家长不要觉给孩子随随便便就近报一个兴趣班就行了。既然同样都要花学费，不如找一个好老师，就算路上远一点，也要让孩子跟着好老师学，这样进步也更快。

不过只有游泳班，我选了离家近的游泳学校。因为对于游泳，我有一个非常明确的目标：我自己是个旱鸭子，所以希望孩子至少能学会混合泳。碰巧邻居家有一个年纪相仿的孩子，他妈妈提议让孩子们结伴去学，这也是一个主要原因。我一个人带着四个孩子，有时候难免会有疏漏，和邻居一起去的话，我也放心多了。现在回想起来，我仍然非常感谢她。

第 4 章

小升初应试策略和 12 岁之前的重点

—— 为高考打好基础

基本学习能力在小升初考试中也很重要

小学学习的首要任务是培养扎实的基本学习能力。这一点对于准备参加小升初考试的孩子来说也同样重要。[1]

如果孩子打算报考名牌中学,那么在辅导机构里肯定也想进尖子班。但如果自己的实力与班型不符,孩子就会陷入"连自己哪里没学会都不知道"的困境。

如果回家不复习,只是随大流往下学,学到的知识就不够牢固,好比硬要在不稳的地基上盖房子一样。孩子渐渐跟不上进度,就会失去自信,迷失方向,甚至变得讨厌学习和考试。其实不用急着往前赶进度,孩子遇到瓶颈,发现哪里没有掌握好,就应该回过头复习。五年级的孩子也可以从三年级的知识点开始复习。如果真的想参加小升初考试,家长和孩子都应该放缓脚步,从巩固基础开始做起。

---

[1] 日本公立初中一般无须考试即可就近入学,私立中学多会组织招生考试,即小升初考试。

不过，到六年级再回头复习就来不及了。六年级下学期是最后的冲刺阶段，必须在五年级之内完成所有复习，在六年级时随课堂进度掌握这一年的新知识，同时通过做历年真题等，为小升初考试做准备。

我的四个孩子都是从一岁开始上"公文式"课程，从小接触读、写、算。教一岁孩子读写的培训机构并不多，我自然而然就选择了公文式。他们的教材注重循序渐进，老师细致耐心，孩子们也可以随时回顾做错的地方，稳步提升实力。

学校的功课也是一样。对孩子的作业和测验，不要只看分数，而是要把做错的地方和理解不够彻底的地方做到完全正确为止。包括汉字的笔顺，也要做到无可挑剔。我觉得这样对提高成绩最有帮助。

从小一步一步、踏踏实实地打好基础，然后在适合自己的辅导机构拓展知识，报考适合自己的学校，这便是小升初考试的成功法则。

下面是我的四个孩子参加小升初考试之前的学习历程。女儿开始学习的时间和哥哥们不一样，但整个过程都是相同的。

第4章 小升初应试策略和12岁之前的重点——为高考打好基础

1岁半
开始学习公文式课程
学习语文和算术（英语学了2年左右），每周1次。

▼

3岁
开始学小提琴
选择家长与孩子一起学习的"铃木音乐教育"，每周1次。

▼

4岁
开始学游泳
因为我自己不会游，所以让孩子们学游泳，直到他们能完成混合泳接力。每个孩子学习的时间长短不太一样，基本上都是到小学四年级左右。

▼

小学一年级 7岁
开始上小学
上小学以后，孩子们每天都过得很悠闲。四个人都继续学习公文式课程、小提琴和游泳，每周各上1次课。他们那时还不知道什么是"升学考试"，自由自在地享受小学生活，玩耍的时间也很多。

▼

小学四年级 10岁
开始上浜学园
从三年级的2月份开始上课，每周2次。我告诉孩子们学校的作业和辅导机构的作业都要力争完美，小测验要以满分为目标，不过感觉孩子们并没有学得特别辛苦。

▼

小学五年级 11岁
浜学园增至每周4次
去辅导机构上课的次数增加了，但还远远不到"从早学到晚"的程度。目标仍旧是作业和小测验都争取做到完美。

小学六年级
12岁

> 浜学园每周4次+周末补习或参加模拟考试
> 到了这个阶段,孩子们每天除了学习还是学习。家里不过年,也不过节,处于非常时期的状态。孩子几乎每天都要去浜学园上课,学校的作业只能回家以后再做,还要准备周末的模拟考试。我全方位陪伴在准备考试的孩子身边,嘱咐其他孩子"照顾好自己",除了准备饭菜和最基本的事情之外,其余一律放手,他们过得十分轻松随意。

<大儿子的回忆>通过公文式课程,我掌握了大量做题和循序渐进的学习方法,对培养基础计算能力很有帮助。后来在浜学园,我第一次接触到应用题、图形题等复杂题型,学习数学变得更加快乐了。

(1)平时学习的关键

辅导机构的作业和学校的作业都要力求完美

孩子小学毕业前,我会检查他们做的学校作业和辅导机构作业。上了初中和高中以后,我只检查暑假等长假期间的作业,辅导机构的作业就全靠孩子们自己了。我告诉孩子们,不管作业量有多大,都要认认真真地做完做好。

四个孩子上的升学辅导机构都是浜学园,六年级以后,这里会针对孩子们希望报考的中学,每两周举行一次集训。集训要持续一整天,还会布置大量作业。

为了做好这份作业,我会制定严密的计划,规定到什么时间之前做完多少,只有把这一天的计划全部完成之后,孩子们才能睡觉。有时孩子做到凌晨 1 点,第二天还要上学,特别辛苦。有的时候时间实在不够用,我就让他们在电车上或者在车里做完最后的部分。

面对如此繁重的作业,有一些孩子实在做不完,干脆就放弃了。他们可能觉得只要课上好好听讲,作业做不完也没关系,但我仍然坚持"100% 做完"的要求。

我为什么这样做?因为不论是学校的作业,还是辅导机构的作业,哪怕只剩下一道题没做,就是没有"100% 做完",这样,孩子容易养成不做作业的坏毛病。第一次剩下一道题,第二次剩下两道题,第三次剩下一半,最后就变成"算了,不做也无所谓"。久而久之,孩子就没法在平时养成踏踏实实学习的习惯。

学习的习惯不是一两天养成的,到了期中期末考试或者高考等重要考试之前再培养就来不及了。只有平时就认真地完成作业,孩子才能养成好的学习习惯。

"能做对90%"最危险，每次测验都要拿满分

我和中小学生的妈妈们交流时，常听到有人说："我家孩子能做对90%。"她们大概觉得，不论是小学的汉字，还是初中的英语单词，孩子虽然考不了100分，但能考到90分也可以了。

其实，"能做对90%"的想法很危险。孩子们从小学开始学汉字，如果一、二年级学的汉字不能完全掌握，只是"差不多会了"，那么当这些汉字和其他汉字一起在成语中出现时，孩子就不会念了。这样一来，原本以为学会了90%，其实只是40%。这种情况非常可怕。小学、初中阶段就满足于能做对90%的孩子，将来肯定考不上东京大学。

东京大学入学考试的满分是550分，中心考试满分是900分（当时），把中心考试的成绩按照满分110分换算，再加上满分440分的二次考试成绩，根据总成绩多少决定是否录取。

中心考试的语文考试有五道汉字题，每道题2分，按照满分110分换算，每道题约为0.2444分。千万别小瞧这0.2444分，滩校就曾经有学生因为0.0001分之差落榜。到那时后悔"要是那个汉字写对了……"也来不及了。

在我家，我要求孩子们每次考试都力争满分。期中期末考试和模拟考试自不必说，就连学校平时的汉字和英语单词小测验也是如此。不管多么小的测验，目标都是 100 分。

如果从一开始就找各种借口不复习，比如"小测验不重要，不用复习了""下次模拟考试很难，复习了也考不好"等，那么肯定考不了满分。也许会变成 80 分，以后再变成 60 分。长此以往，孩子的成绩越来越差，却不知道问题出在哪。到了这个地步就难办了。

不过我家的孩子也不是每次都能拿满分，重要的是为了目标努力的过程。而且出错的题只要学会就行，所以我并不会过于在意结果如何。

另外，孩子没考满分时，不要让他找各种借口，比如"这次出题风格不一样"等。出题人本来就不会事先告诉考生自己要出什么题，也不可能一百年、两百年都保持同一种风格。考不好只是自己的实力还不够。"除非英语考试出了俄语题，才能算是出题风格变了"，我再三嘱咐孩子们要扩大知识面，才能见到任何题型都波澜不惊。所以孩子们在学习时也开始注意扩宽视野了。

如果孩子确实考了满分，我一定会说"太好了"，不过为了让他们坚持努力继续进步，我的表扬只会点到为止。

如果您的孩子正在上小学，您可以先引导孩子在学校的小测验中力争拿满分。我的孩子们也是在我的帮助下完全掌握了汉字、计算等基本能力。平时不严格要求，导致最后的重要考试考不好，这样就可惜了。

家长可以帮孩子朗读阅读理解题

孩子的生活圈子小，人生阅历尚浅，所以不擅长揣摩小说、随笔等文章中描绘的微妙的心理活动。

做阅读理解题时，妈妈帮忙读文章，有助于孩子在脑海里想象出具体的人物感情变化。妈妈声情并茂地朗读，孩子自然能找到题目的正确答案。而且妈妈不时简单地讲解一下人物的感情和故事背景，孩子就会理解得更加深入。

孩子出生后不久，我就坚持着每天给他们读绘本的习惯。上小学以后，我又开始帮他们读教材和习题集。起初我也不确定这对孩子有什么帮助，但他们都自然而然地听我朗读。只要坚持下去，您就能感受到孩子越来越爱听，学习也会越来越轻松。

我读阅读理解题的时候，孩子们会用最放松的姿势听。

有时会枕着靠垫听，小时候还会像小猴子一样，坐在我的肩膀上听。当然，不用做题的孩子也会听到我读题的声音，但他们并不会觉得吵。

二儿子上小学六年级时，有一次语文模拟考试只得了48分，我十分诧异，急忙翻看答题纸，发现长篇阅读理解题几乎全做错了。那是一篇向田邦子的随笔，写的是她一直辛辛苦苦地赚钱养家，后来终于为自己买了一副价格不菲的手套，当她戴着手套握着电车车厢里的吊环时，对自己的努力付出有许多感慨。

二儿子没有读懂这位职场女性的感受，所以后面"她为什么这么在意手套？""为什么决心要努力工作？"等问题，他全部答错了。我忽然意识到，孩子只了解我这个全职妈妈，没有文中描写的经历，自然看不懂。从那以后，我在读题时，除了读正文，还会穿插一些解释，帮助孩子理解文章的背景。

孩子听我读完再去做题，不仅减轻了负担，做题更加轻松，还能更快地理解文章的含义。

还有一次，大概是三儿子上小学五年级时，他读到过一篇故事。大致内容是一个男孩捉到了一只铃虫，想送给喜欢的女孩，又怕被人笑话，就想各种办法悄悄交给女孩。我像往常一样，用不同的声音扮演不同的角色，结果故事里写了很多个孩子，我读着读着就读乱了，分不清哪句话是谁说的。这时，一直默默听着我读的三儿子说："妈妈，以后不用你给我读了。"

可能他看我乐在其中，之前就一直没好意思说吧，这时候他已经可以自主阅读了。

对妈妈来说，读题既有趣，又能提高孩子的成绩，所以小学生的家长一定要试着坚持帮孩子读题。

历史看漫画，地理看旅游指南，理科看植物图鉴

在我们家，原则上是禁止看漫画的，不过《学习漫画：世界史》和《学习漫画：少年少女日本史》除外。我把这两套漫画买来放在家里，供孩子们随时翻看。大儿子刚上小学时，家里就凑齐了全套。

二儿子在滩校的同学里，有一个孩子的日本史学得特别好，二儿子问他怎么学的，他说"因为我特别爱看历史漫画，看了几百遍，不知不觉就记住了"。

看漫画有一个好处，就是有助于孩子记住历史人物的长相和当时的服装，还能放松心情。学习之余，孩子们经常躺着看漫画。有时到了小测验的前一天，他们还会再把相关部分拿出来看一遍。

有一些旅行社出的旅游指南对学习地理很有帮助。

和大人相比，孩子的知识还十分有限。大人听到"新潟"这个地名，马上会想到那里经常下雪，冬天十分寒冷，还盛产大米，但孩子不会，他们不可能了解自己从没去过的地方。再加上我家不看电视，我想应该让孩子们多看一些图片或照片，于是开始搜集日本各地的旅游指南。我并没有去当地旅游的计划，不过每次学习累了，就可以找到和地理题目相关的地名，孩子们也都兴致勃勃地凑过来看。

另外，孩子们小时候，我每次带他们出门散步，都会带上植物图鉴。遇到白花三叶草，就翻到对应的这一页，看看原产地是哪；看到从没有见过的叶子，就查查它的名字。我希望这样做能帮孩子们学好理科，不过更希望他们能从中体会"学习的喜悦"。

无论是田野间的花儿，还是夜空中的星星，比起只是呆呆地看着，知道这朵花叫什么名字，了解星座的知识之后，欣赏起来要更有乐趣。知识使人生丰富多彩，而学习新知识就是迈向多彩人生的第一步。

翻阅图鉴的工作可以由妈妈来做。有人认为必须让孩子独立查阅才能算是学习，但更重要的是首先要让孩子体会到了解未知的事物的乐趣。

不过我本人没有太多时间用在园艺上，孩子们生活的环境中也并不总有花草树木。浜学园的理科模拟考试中曾经出过一道题，考月见草的花是什么颜色，四个孩子都答错了。正确答案是黄色，但孩子们都没有亲眼见过，所以总是记不住。在这道题上，四个人一共大概丢了 50 分。每次他们答错了，我都会让他们看图鉴，再加上自己的解说，"月见草，顾名思义是等待月亮升起的草，所以是黄色的"。

此外，孩子们上初中后，漫画对他们理解《源氏物语》等古典文学也起了很大的作用。

学习原本是一件快乐的事。如果有什么东西可以帮助孩子在轻松的氛围中加深知识理解，而不是只能坐在桌子前面埋头苦读，都应该积极地利用起来。

<二儿子的回忆> 我特别爱看知识漫画，小时候经常翻看。漫画描绘了很多历史事件的细节，也可以视为杰出的教

材。每次听到"北条时宗",我马上就能想到他的长相和服装,因为这些都是以图画的形式输入大脑的。另外,我还清楚地记得,妈妈过去出门时总会带着植物图鉴。

每页只写一道题,用笔记本提高数学成绩

使用笔记本的方式对数学成绩有很大影响。

我要求孩子们每页只写一道题。孩子做题时可能需要画图,尝试各种公式,把凌乱的思路全写下来等。笔记本上的空间足够大,才能把思路整理清楚。如果把几道题都挤在一页上,还要为了节省空间省略解题过程的话,成绩很难提高。

有时,我还会把题目放大复印,然后贴在笔记本左侧的页面上。放大之后看得更清楚,难题也显得不那么难了。把题目贴到笔记本上,就不用一会儿看课本,一会儿看笔记本了,不用频繁转移视线,也更能集中注意力。

复印题目和制作笔记本是我的工作。复印,剪切,贴到本子上……我要把同样的流程重复四遍。这样做很麻烦,但我觉得对提高成绩确实有效。由于经常需要复印,我们家专门购置了一台复印机。这种家用款复印机价格实惠，非常实用，每个家庭都值得配一台。每次都跑到复印店复印很麻烦，而且有时候想把一些题再做一遍，也可以在家马上复印出来。

说起来，孩子们学小提琴时，我还把乐谱也都放大复印出来。孩子们都说"音符看得很清楚，小提琴拉得更好了"。看来视觉上轻松了，心理上也会感到轻松。

<大儿子的回忆> 做数学题时，在笔记本上每页只写一道题，对整理思路非常有效。妈妈经常嘱咐我们"在笔记本上写字要放开，不要写得太小，挤在一起"。每页只写一道题的话，就会感觉做题特别顺利。习惯了尽情用笔记本之后，我开始觉得画图时笔记本上的横格很碍事，高考复习时就改用纯白的活页本写，或者把B4复印纸对折使用。白纸特别敞亮，又没有横格的干扰，想到什么都可以尽情地写下来。上大学以后，我仍然喜欢用白纸。

<三儿子的回忆> 妈妈把数学题靠边贴在笔记本的左侧这页上，剩下的空间都可以用来答题。理科笔记本是把答案贴在题目的下一页，翻过来就能对答案，用起来很顺手。

在家学习的关键是事先做好准备

每天送孩子们上学之后,我就拿出胶水、订书机等,开始坐在矮桌前制作原创习题集。

对我来说,剪切和粘贴都不难,我做得很开心,一点也不觉得辛苦。特别是小升初考试前,我的这项工作特别忙。

虽说是制作习题集,但并不是我来出题。我的主要工作就是把浜学园布置的作业放大复印,贴到笔记本左侧的页面上,或者在空白笔记本上标好需要做哪道题。比如,做作业中的第③题,就在本子上写上③,孩子回到家后,马上就能开始做作业。

我专门选择各种不同颜色的笔来做标记,每次去文具店都会挑一些色彩亮丽的彩笔和荧光笔。五颜六色的笔不仅给我的工作增添了乐趣,还能调动孩子们的积极性。比如,今天必须完成的题号是绿色的,计划明天做的题是橙色的,这孩子们做到颜色不同的地方,就会高兴地想"啊,终于做完啦"!这也是为平时的学习增添乐趣的技巧之一。

我还有一项工作,是贴索引标签。凡是参考书的重点部分,我都会贴上索引标签,然后再给对应的题目也都贴上同样的标签。这样一来,孩子出错后,马上就能找到正确答案。贴索引标签时也可以稍微花一点心思，比如，题目和解析对应部分使用同一种颜色的标签等。

参考书别贪多，吃透一本再继续

我喜欢为孩子们选购各种各样的参考书和习题集，不过他们小学毕业前，我只用浜学园的教材，没有买过市面上的参考书。

大儿子上小学四年级时，有一段时间在理科课上学了各种花卉的名称和植物构造。为了加深理解，我从市面上买来几本参考书给他看。结果发现，有一种花的颜色，浜学园的教材上写的是"黄色"，而我买的参考书上写的是"淡黄色"。大儿子问我："哪个对？"他没有亲眼见过这种花，所以就有点搞不懂。

上初中以后，孩子就会明白，如果做的是选择题的话，"黄色"和"淡黄色"都对，它们不会同时出现在选项里。但是小学生还理解不了这么多。

孩子在太小的时候接触太多不同体系的方法，知识点会过于分散，容易引起孩子的困惑，所以使用一个系列的教材比较好。此外，我还找来植物图鉴和旅游指南等图文并茂的书和资料，作为浜学园教材的补充。

（2）小升初应试策略

我为什么让大儿子参加小升初考试

每当说起我的四个孩子都考上了东京大学理科三类，总会有人说："您的孩子肯定本来就很聪明吧？"在我看来，只要家长能够用心陪伴，考上东京大学绝不是难事。没有人天生就能考上东京大学，所有能力都是通过正确的方法培养出来的。

当然，如果上高三以后才突然决定考东京大学，恐怕很难在应届考上。不过，只要尽早制定应试策略，家长全力以赴帮助孩子准备、复习，其实谁家的孩子都能考上。

我当初决定让大儿子参加小升初考试，就是为了将来长远打算，觉得这样更有利。如果让孩子上公立初中，之后参加中考时，"综合评价分"[①] 会起到重要作用。我听说这个分

[①] 在日本，就读公立初中并计划上高中的学生需要参加中考，届时初中老师会根据学生初中期间的综合表现评定分数，直接提交给该生报考的高中，为高中录取考生提供参考。

数有可能受到老师主观意见的影响，所以选择了六年一贯制中学。

＜大儿子的回忆＞我在浜学园结识了很多朋友，大家一起准备小升初考试，学习起来会更有热情。平时我在奈良市内的校区上课，每月有一两次机会到大阪或神户参加集中授课，遇到比自己强很多的同学，给我带来更多动力。那时候我还小，自己不太会收集信息、制定目标和坚持学习。在浜学园，我能了解自己的水平，认识到我想上的中学并非遥不可及，这给了我很大帮助。

＜二儿子的回忆＞哥哥上了浜学园以后，我也跟着他来到这里。我稍有一点偷懒，就会被妈妈和老师批评，感觉自己上了一条"贼船"。不过，我在那里交到了朋友，气氛很融洽，过得特别开心。浜学园的作业都要求家长签字，这种家长和孩子一起学习的氛围与妈妈的教育方针也很一致。只靠孩子自己，很难坚持高难度的学习，需要大人的引导。我上大学期间，曾经在东京的铁绿会当兼职讲师，有时会遇到"不把模拟考试成绩告诉家长"的学生。我觉得这样的话他的成绩很难提高，还曾经特意给家长打过电话。在我看来，辅导机构是家长陪伴孩子一起开开心心地学习的地方，所以希望家长也能参与进来。

靠反复做真题战胜压力

太早开始做小升初考试的历年真题没什么意义，因为真题有很多六年级才会学到的知识点。而且滩校等名牌中学的试题难度相当大，五年级的孩子根本做不出来。所以家长们不要操之过急。

我的大儿子和二儿子都是在邻近小升初考试的冬天才开始做真题，每人做了大概过去六七年的题。

但三儿子的情况有点特殊。

在小学六年级夏天，有一场非常重要的模拟考试叫作"滩校公开考"，其中数学满分100分，三儿子考了9分。我原本期待儿子达到能够考上滩校的水平，感觉70分左右应该没问题，没想到他的成绩竟然只有9分！我从没见过这样的分数，直接惊呆了。

三儿子以往在辅导机构的成绩并不比两个哥哥差，平时学习也没有偷懒。我意识到他应该是压力太大了，于是用了整整三天时间来认真思考对策，最终得出答案：要把历年真题彻底摸透！模拟考试终归只是模拟考试。只要把真题都做会，孩子肯定能找回自信。

接下来，我通过网络等各种渠道搜集滩校的历年入学考试题，最终找到了从1989年到2007年的所有真题。我把每个科目的试卷都复印了四份，用订书机分别订好。也就是说，我打算让三儿子把这19年来的试卷做上四遍。那几天，家里的复印机也忙碌起来。

滩校的入学考试在1月中旬举行。我制定好计划，确保三儿子在12月底之前把19年的真题做完四遍，并告诉他："你把这些都做完，绝对能考上。"因为必胜的信念也很重要，所以我要这样郑重其事地宣布，然后便开始陪他一起做题。

第一遍就是正常做题，把错题整理到笔记本上，请教哥哥或辅导机构的老师，做到稳扎稳打；第二遍重做，确认自己这次是否掌握；第三遍做题时设定时间限制，解题速度也越来越快；到了第四遍，三儿子就能毫无困难地做对所有题目了。

最终，三儿子顺利考上了滩校。大量做题增强了自信心,他在正式考试中发挥稳定,我这才松了一口气。

<大儿子的回忆> 三弟在准备参加滩校考试之前特别紧张。模拟考试成绩也是每三次就有一次不正常。我曾经也作为过来人,给他提过一些建议。不过三弟比较固执,喜欢用自己认可的方式复习。那段时间,我也暗地里替他捏了一把汗。

<二儿子的回忆> 三弟深知自己不够聪明,准备小升初考试时吃了不少苦,但他是我们三兄弟中最努力的,高考考上东京大学理科三类的成绩也是我们三个人当中最好的。

<三儿子的回忆> 看着两个哥哥上学都很开心,我也很想考上滩校。我不太记得自己上小学时有没有压力,不过我确实觉得"我一定要考上"。妈妈帮了我很多忙,她第三次陪伴孩子参加小升初考试,已经很有经验了。那段时间,我做了很多真题。妈妈帮我复印和整理了所有试卷,让我做起来更方便。

学霸都是"写字的力度刚刚好"

三儿子准备滩校入学考试时,我给他制定了"题海战术",让他每天做大量真题,帮他核对答案。这时,我忽然发现,三儿子写字特别用力。

与大儿子和二儿子的笔记本对比一下,差异就更明显了。三儿子的字迹又粗又重,用橡皮都擦不干净。在擦过的地方重新写,有时会还被之前的痕迹误导出错。数学计算题答题慢似乎也是这个原因。

原来问题出在这里。

如果直接告诉三儿子"你写字太用力了",他恐怕也不会明白。于是,我把他的两个哥哥叫过来,让他们三个同时开始做滩校的真题。两个哥哥开始飞快地解题,算错了就擦干净重新算,一转眼就做完了。滩校入学考试的数学题很难,量也特别大,解题速度是决定胜负的关键。

我把大儿子和二儿子的答题纸拿给三儿子看,告诉他:"滩校学生写字的力度都是刚刚好的,所以答题纸很整洁,计算也又快又准。"性格固执的三儿子起初不太愿意改,说"我就喜欢这样写"。后来大儿子劝他:"要想考上滩校,必须会使巧劲儿。如果你想坚持自己的方法,以后上大学可以选择进数学系。不过现在要想考出好成绩，就得学会用巧劲儿。"三儿子这才同意。此后再做题，他都会有意识地调整自己的书写力度。小学生都还小，可能会在一些奇怪的事情上坚持自己的做法。正确的做法坚持下去倒也无妨，但如果孩子的做法不对，家长就需要多加留意。"会使巧劲儿"就是指"丢掉错误的执念"。

三儿子的努力有了成效，当他掌握了适当的书写力度后，计算错误也少了很多。我这才终于松了一口气，"这下估计能考上滩校了"。

千万别小瞧书写力度和握笔姿势，这个经历让我深刻地体会到不放过任何一个细节的重要性。

＜三儿子的回忆＞大哥写字力度较小，二哥适中，而我写字特别用力，记得妈妈为此特意纠正过我。我改了之后，可以把脑子里想到的都轻松流畅地写下来，注意力也提高了。以前我把很多注意力用在写字上，忽略了思考，计算题也做得很慢，后来就都好了。

通过模拟考试消除紧张情绪

对于大多数孩子来说，小升初考试是人生中的第一次重要考试，最好能通过模拟考试提前适应考场的气氛。我家的孩子们都在上六年级时参加过好几次辅导机构组织的模拟考试。

小学六年级的孩子都还小，参加太多考试可能应付不过来。具体应该参加哪些模拟考试，最好听从辅导机构老师的建议。

模拟考试不需要专门花时间复习准备。参加模拟考试就是为了了解自己当前的水平，所以像平时一样去考就行。

通过模拟考试，孩子们了解了自己的做题节奏，懂得了应该先做哪些题，留出多少时间做不擅长的题目等。

很多家长更关注模拟考试的成绩，但模拟考试终究只是模拟，不是正式考试。所以也不必因为成绩而患得患失。朝着目标不断前进才是最重要的。

换句话说，模拟考试的目的是检验当前的学习成果，为今后调整学习方法提供依据。我认为没有必要因为差几分就失去自信，降低报考学校的档次。

临考前拿出"放弃"的勇气

平时，即使是和考试无关的科目，我也会认真对待。不过临近考试时，我们更需要"放弃"的勇气。

在三儿子准备小升初考试期间，他的第二志愿东大寺学园调整了考试科目，社会变为可选科目，考生可以自行决定是参加三科目考试还是参加四科目考试。我得知这个消息，马上决定参加三科目考试，不再复习社会。因为我们的第一志愿滩校本来就不考社会，只考语文、数学和科学，再复习社会没什么意义。于是，我彻底重做了复习计划，把用不着的参考书放到孩子看不到的地方。我们也没有工夫担心考不上滩校怎么办。一个月转瞬即逝，稍一迟疑，时间就溜走了，重要的决定一定要当机立断。

滩校的科学考题很难，要考查学生的应用能力和跨领域思考的综合能力，仅掌握基础知识当然远远不够。这所学校致力于培养擅长科学的学生，所以除了科学，数学也很难，不是仅凭一朝一夕的努力就能考上的。语文也有一部分题目，考查学生揣摩人物细微心理活动的能力，心理年龄越成熟的孩子越占优势。应对这类题目的最佳策略，就是家长尽量帮助孩子多接触文章，细致地讲解人物的心理活动。

准备考试时,有这么多事情等着我们去做,还是把时间都用在需要做的事情上吧。

厨房计时器是提升专注力的秘密武器

对我的孩子来说,厨房计时器是一件必不可少的装备。当时,厨房旁边的冰箱侧面总是贴着十多个计时器,还有一些可以挂在脖子上的计时器。

为了防止孩子在学习间歇休息时磨蹭拖延,不回到桌子前面继续学习,我把计时器挂在他们脖子上,假如要休息15分钟,就定时15分钟,计时器响了就回到桌前继续学习。每个计时器的声音都有细微的不同,孩子们喜欢的好像都不一样,都会选择自己最喜欢的。

三儿子复习准备参加滩校入学考试时,我发现他做数学题比两个哥哥更吃力,经常盯着题目,迟迟不动笔。他性格温和,做事慢条斯理,一点也不着急。我有些担心,去向浜学园的老师咨询,老师说他计算速度确实比两个哥哥慢,而且好像有点容易忘事儿,专注力也不太好。

第4章 小升初应试策略和12岁之前的重点——为高考打好基础

果然不出我所料,而且三种毛病都被他占了……浜学园的老师说:"上课时,他只能专注15分钟,所以每过14分钟,我就会提醒他,帮他重新专注起来。"真是让老师费心了。

要想通过滩校入学考试这道难关,必须要做到持续专注50分钟以上。只能坚持15分钟,确实让人太不放心了。我十分担心:"那是不是只能让他去瀑布下面打坐训练专注力了……。"老师告诉我:"可以设定15分钟为一组,三组就是45分钟,四组就是60分钟,也就相当于一场考试的时间了。坚持3组的话,做两次重启专注力的练习就行了,4组的话就做3次。"

根据老师的建议,我大幅调整了三儿子在家学习时的周期。

我把每个科目的学习时间改为15分钟,每过15分钟就换到下一个科目。设置好厨房计时器后开始学数学,15分钟之后,就算题目只做到一半,也要不容分说地切换到语文。再过15分钟,开始学科学。考虑到让孩子自己找到合适的学习内容有点难,而且也浪费时间,所以我会趁着他们上学时都准备好。我挑出15分钟内能做完的题目,在旁边贴上便签。到了学习时间,就马上递给他。

用这个方法,每到最后3分钟,孩子都会特别专注,也许是想赶在 15 分钟结束之前把题都做完吧。渐渐地，三儿子似乎找到了保持专注的窍门。训练了两个月，他就能够专注很长时间了。之后再做浜学园的大量作业时，他的速度也有明显的提升，我这才松了一口气。

贴在冰箱上的厨房计时器，每个孩子都有自己最喜欢的计时器

训练专注力的这段时间的确很辛苦，但是也证明了，只要家长愿意帮忙，孩子的专注力是可以提高的。家长可以尝试各种方法，而不是慨叹"我家的孩子专注力太差了"。

< 三儿子的回忆 > 关于妈妈用厨房计时器帮我提升专注力这件事，我已经记不清了。不过，在四兄妹里，我应该是用厨房计时器最多的。在准备高考时，一边答题一边注意时间也很重要。东京大学理科的二次考试中，数学科目共有六

道题。考试时间为 150 分钟，每 20 分钟完成一道题才能做完，但是难题可能很费时间，所以要先把简单的题都做完，在答题之前就要规划好如何分配时间，否则很容易考砸。这种能力只能通过练习逐渐培养。我在复习准备考试时，用厨房计时器测量解答每道题所需的时间，以便形成时间的概念。另外，如果计划学习 2 小时英语后休息 10 分钟，我也用厨房计时器做好时间管理。

有了"干货笔记"，吃饭时间也不浪费

孩子们的每顿饭大约需要 20~30 分钟。在忙碌的复习准备考试期间，每分每秒都很宝贵。为了把吃饭时间也充分利用起来，我做了很多准备。

我家有一种笔记本叫作"干货笔记"，其实就是一本普通的 A4 线圈本，上面记了很多必须记住的重要词语和孩子们做错过的题目。

比如，社会干货笔记的某一页上写着"战败纪念日 8 月 15 日"，下一页写着"青鳉鱼卵的孵化温度为 25 摄氏度"。我用各种不同颜色的马克笔，把字写得很大，因为多彩的颜色也有助于巩固记忆。孩子们后来还说起"记得青鳞鱼那页是用红笔写的"。看来关键词和颜色一起印在了他们的脑海里。

孩子们吃饭时,我拿着干货笔记在旁边一边翻一边念。孩子们一边吃饭一边看着笔记本,时不时回应一声。他们只是随口答应着,并没有特意去认真记。这样就够了,只要我每天坚持,让孩子一遍又一遍地看到、听到,日积月累,就会带来不容忽视的效果。当时的一些情景也会一起输入孩子们的大脑中,比如有一次,孩子们正在吃咖喱,食物溅到了笔记本上,他们就会记得"沾上咖喱的那页是成语'独善其身'",这样就再也忘不了了。其实我平时不会这样做,这只是在小升初考试之前,为了充分利用吃饭时间才想出的办法。

即使不是考试之前的特殊时期,我们家吃饭也很匆忙。孩子们都忙着去辅导机构上课或者参加社团活动,所以总是谁先到家谁先吃。丈夫工作很忙,经常晚归,所以我早就不再指望一家人一起吃晚饭了。不过,我家的学习桌放在客厅,卧室也紧挨着客厅,所以不会出现让谁孤零零一个人吃饭的情况,孩子们应该也没有感到过孤单。从这个角度来看,把学习桌放在客厅还能避免一个人吃饭太孤单。

另外,我对基本的餐桌礼仪一直要求很严,特别是筷子的用法,一直告诫孩子"什么时候学会正确使用筷子,才会放你们到外面独立生活"。我找到一家指导筷子用法的协会,要来介绍正确用法的宣传册,还试过各种纠正持筷姿势的产品。我首先要确保自己拿筷子的姿势是对的,然后再检查孩子们是否正确。这种事情是只有每天陪在孩子身边的父母才能做到的。

我还嘱咐孩子吃饭时挺直腰背,用筷子把饭菜送到嘴里。我们偶尔看看电视,竟然看到有很多人拿筷子的姿势不对,甚至有人把嘴凑到碗边直接吃。每次看到这种镜头,我都会反复告诉孩子,"不能像这样吃饭""这样的人就不会有魅力"。

在我的教育之下,四个孩子都很注重餐桌礼仪。拿筷子的姿势和餐桌礼仪不是一朝一夕能改过来的,家长应该耐心地教会孩子。有些事非常重要,有些事无关紧要,分清二者并教给孩子,这也是家长的重要职责。

考试日程安排技巧:把最佳状态留给第一志愿

除了第一志愿,家长还可以帮孩子报考一所考试日期早于第一志愿的学校，以便体验考试的时间分配，适应考场氛围，确保孩子在任何环境中都能发挥出最佳实力。

此外，还可以再报考一所考试日期晚于第一志愿的学校。如果第一志愿的考试排在最后，那么可能在考试的两天之前，家长和孩子一直紧绷的弦就松懈下来。"啊，马上就要结束了。"一旦陷入这种放松的状态，专注力就很难再恢复。前期付出的努力越多，提前放松的风险也越大。但如果在第一志愿的考试后再安排一场大考，孩子就会觉得"战斗还没有结束"，一直把紧张状态保持到考试结束。因此，无论是为了适应考场气氛的考前考，还是为了保持紧张状态的考后考，都应该安排。只要是考试日期分别在第一志愿之前和之后，和第一志愿相隔在一两周以内的学校都可以，只要根据孩子的实力选择合适的学校就行。

各所中学的小升初考试的考题有一定的共同点，所以只针对第一志愿学校复习，最后也能考上第二志愿和第三志愿。大儿子报考了滩校、东大寺学园、西大和、洛南和洛星这五所学校，分数全都够了。二儿子也在没有做过历年真题的情况下，成绩达到了喇沙学园和开成中学的录取分数线。他自己说，报考东京的开成中学和鹿儿岛的喇沙学园是为了"称霸全国"。除了滩校，三儿子还报考了冈山白陵和东大寺学园，分数也都能考上。由于那时候各校开始统一考试时间，所以三儿子只额外报考了两所中学。去东京、冈山、鹿儿岛等外地城市考试，需要住在当地，比较辛苦，我都是在考虑孩子的体力和身体情况之后，再决定报考哪几所学校的。

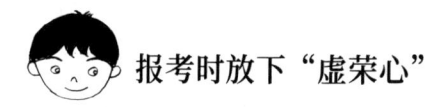

报考时放下"虚荣心"

我的三个儿子都考上了滩校，或许有人会觉得我对滩校有很深的执念，其实不然。大儿子刚开始在浜学园上课时，没有特别留意过滩校。因为在可接受的路途范围内，有好几所学校都很有吸引力。我只是想从中找到一所适合的。当然也不能随便选，我的想法是要最大限度地培养孩子的学习能力，让他考上自己能力所及的最好学校。只是对于我的孩子们来说，这个目标刚好都是滩校而已。

在我的印象中，在选择报考哪所学校时，有很多人都没有选好。问题主要出在家长身上，而不是孩子身上。

选错报考学校的最大原因是"虚荣心"。有些家长会考虑"都花这么多钱在辅导机构上课了""别人家的孩子也要考这所学校""亲戚家的孩子都上了好学校"等。出于这些原因选择报考学校，不一定符合孩子的实际能力，最终也很有可能导致孩子落榜。

我觉得，在小升初考试中，只要能考上前三个志愿中的任意一个就可以。在接下来的初中和高中这六年里，认真准备高考也来得及。参加小升初考试时，孩子才12岁，还有充足的时间重新开始。所以，如果孩子的能力达不到报考学校的要求，家长和孩子都应该放下虚荣心和自尊心，更改报考学校。然后还应该放宽心，即使没考上第一志愿，也可以在第二或第三志愿的学校从头开始。我问过孩子们，他们都说就算只考上第四或第五志愿的学校也没问题。

😊 佐藤妈妈的育儿专栏③

满三岁前给孩子读一万本绘本

大儿子刚出生后不久,我得知公文式教育提倡家长"在孩子满三岁前给他读1万本绘本"。培养起良好的语言表达能力,有助于孩子整理和表达自己的想法,打造思考能力和强大的内心。我当时觉得"哇,1万本可不是一个小数字",把这件事告诉丈夫,他说:"1万这个数字是有意义的,大家都说要复习1万小时才能通过司法考试,大概这个数字拥有某种激发人类潜能的力量。"

我想"那就试试看吧",于是决定马上开始读1万本绘本的计划。

在满三岁之前读完1万本绘本,按照天数来算的话,平均每天要读10本。可能确实需要一定的决心,不过我家不看电视,所以这个数字还是可以实现的。我按照公文式推荐的书单选书,有些直接邮购到家,有些去图书馆借。那时候,图书馆规定每人每次最多借6本书,女儿出生之后,我们六口之家最多能借36本。每次我都带上6张借书卡,把几十本书装进大布袋里带回家。

我没有规定一定要在什么时间读绘本。白天看孩子们闲着没事,我也会读给他们听,每天晚上睡觉之前也一定会读绘本,读完我会用画"正"字的方法记录下自己读了多少本。

为了增强趣味性,我还尝试过手影戏。我拉上纸拉门,打上灯光。不料刚开始讲故事,纸拉门突然朝孩子们倒了过来。"哇啊啊啊啊——",孩子们吓得一溜烟跑掉,之后我再也没有演过手影戏。

大儿子满三岁那天,我按照计划给他读完了1万本绘本,实现了目标。丈夫主动提出,值得纪念的第10001本绘本由他读给孩子听。读完以后,丈夫还有些纳闷:"咦?好像还和以前一样啊!"他可能以为孩子会突然说出一些了不起的话吧。

孩子们当然不会突然产生惊人的变化,如今,他们也只是依稀记得我曾经为他们读过绘本。不过我相信，1万本绘本一定已经为他们打下了语言表达能力的基础。

除了读绘本，我还给每个孩子唱了1万遍童谣。我会跟着CD播放的音乐一起唱，让孩子接触优美的语言。

每次回想起过去陪伴幼小的孩子们一起读绘本、唱童谣的情形，我都会觉得心里暖暖的，充满了幸福感。我最初确实是为了提升孩子的能力才这样做的，不过有机会与孩子们一起沉浸在幸福的时光里，这才是我最美好的回忆。

第 5 章

中学六年怎样过

—— 提升实力,备战高考

喜欢的事就要尽情去做

顺利闯过小升初考试这道关之后,我的三个儿子都过得相对比较轻松。二儿子和三儿子从初三开始上铁绿会,这是一家专攻东京大学、京都大学等竞争激烈的国立大学和医学院的升学辅导机构;大儿子初中三年都没上过辅导机构。

大儿子在初中入学典礼的第二天就加入了足球社团。有时他参加晨间特训,5点左右就要出门,我则要更早就起床给他做便当,我希望孩子们都能尽情去做自己想做的事,充分享受校园生活。直到高三上学期,大儿子一直在参加足球社团的活动。

二儿子参加的是棒球社团。在我的印象中,他结识了很多朋友,玩得热火朝天。二儿子高中退出了棒球社团,不过考上大学之后又拾了起来,还担任过医学院棒球队的队长。他似乎很爱做这种组织团队的工作,还曾经夸下海口"要是大阪桐荫[①]来找我当教练，我就不当医生了"。我回了他一句，"放心吧，绝对不可能"。

三儿子参加了乒乓球社团。他对社团活动似乎并没有特别热衷，但也没有只顾着读书，初中三年过得很开心。他很爱玩游戏，好像上学和放学路上总是在玩。我索性把这些时间作为他的休息时间，没有过多干涉。

不过，对学校和辅导机构布置的作业，我都要求孩子们认真完成，期中期末考试自不必说，就连英语单词和汉字等小测验的日程我都了如指掌，并且会督促他们认真复习，争取所有的考试都要考满分。我觉得，只要孩子能掌握分寸，该学的时候认真学，初中最好还是让孩子过得轻松一些。

升入高中以后，滩校逐渐开启备考模式。从高一到高二，再到高三，年级越高，复习备考的氛围就越浓。

大儿子在升入高中部的同时开始到铁绿会上课。铁绿会的授课地点在大阪，所以他每周都有好几天，白天在神户市

[①] 大阪桐荫中学棒球队实力雄厚，在高中棒球赛事中屡屡夺冠，曾培养出众多职业棒球选手。

的滩校上课，放学后去大阪的铁绿会上课，然后再回到奈良的家。二儿子和三儿子从初三开始上铁绿会，升入高中部后也一直上。

有一段时期，大儿子和二儿子还曾经在另一家专门教英语、化学和物理的辅导机构上课。

进入高三以后，周末和暑假基本上都被模拟考试和集训排满了。暑假结束前，必须一边分析模拟考试的成绩，一边提高弱项，第二学期就是最后的冲刺阶段了。

大儿子一直热衷的足球社团，说心里话，我觉得高二差不多就应该退出了。但我没有强迫他一定要退出社团活动，而是决定默默地等他自己决定。因为我觉得，孩子只有尽情地做了自己想做的事，学习时才能全身心投入。

<大儿子的回忆> 我踢球一直踢到了高三那年的夏天。妈妈从没有反对过我的兴趣爱好，总是鼓励我多尝试。我非常感谢她。

音乐、家政、体育……与考试无关的科目也要抓

音乐、家政、体育……学校有一些科目是升学考试不考的，或许有人觉得不值得为这些科目花费时间。

我觉得只是因为升学考试不考，就忽视这些科目，实在是很可惜。这些课上教的都是生活中的智慧，也都是非常重要的内容，况且如果连这点闲情逸致都没有，又怎么应付升学考试呢。

记得二儿子上初中时，一天晚上他突然说"明天家政课要考削苹果"，他之前从来没削过苹果。既然是测验，我决定还是要尽可能帮他做好准备。由于超市已经关门了，我开车转了几家摆有蔬菜水果的便利店，把苹果统统买下来。

回家后，我把25个苹果都摆在桌子上，和二儿子开始通宵练习。练到最后几个时，他终于能想办法把苹果皮削下来，我才松了一口气。后来，削好的苹果都被我做成果酱，让全家人一起享用。

不论是音乐、家政，还是体育，这些课上的知识也许在不经意间就会派上用场，说不定还会意想不到地出现在考试的试卷上。每一门课都要认真对待，这是学生的本分。

不过后来二儿子回来说，家政课的削苹果测验用的是四分之一个苹果，搞得他没有发挥好。

让电视、游戏和漫画远离日常生活

有很多家长会因为孩子沉迷电视、游戏和手机而烦恼不已。我家把电视放在二楼一个冬天很冷、夏天很热的房间里。孩子们的学习桌就在客厅，三个男孩直接睡在客厅隔壁的房间，所以平时不会去放电视的房间。

我很早就想，有了孩子要把所有的时间都用来给他们唱童谣、读绘本，所以在大儿子出生前就把电视搬到了二楼。

孩子们上了初中以后，有时会说"听说有个节目很有意思，我想看看"，只要不是复习备考期间，我都允许他们看。不过，我会和孩子约好，1小时的电视剧结束后，就要马上关掉电视，回到一楼。这个约定必须遵守，否则电视剧看完了接着看体育节目，体育节目看完了再接着看深夜档节目……这样下去没完没了，电视就会在不知不觉间入侵孩子们的生活。

对于游戏机,我最初也是秉持坚决不买的方针。不过,刚开始流行任天堂 DS 游戏机时,我很好奇是什么东西能让孩子们如此着迷,于是就给四个孩子和我自己各买了一台,和电视一样,玩游戏也要在二楼那个冬天冷、夏天热的房间里。对我们来说,游戏不能随随便便拿起来就玩,而是要下决心才能去玩的。我认为,像这样制定各种规则,也是妈妈的职责。

我们五个人曾经一起玩过马里奥赛车。我玩得很差劲,老是一眨眼就从悬崖上掉了下去,让孩子们很无语。大儿子和女儿本来就对游戏不感兴趣,过了一阵子,就不愿意玩了。二儿子和三儿子好像经常在上学和放学的电车上玩,但到家以后就不会玩了。

我对漫画的态度是只买历史漫画等有助于学习的作品。我知道二儿子会偷偷买一些漫画。那段时间,他一到家就溜到二楼,躲在上面偷看漫画。孩子自己也明白我在的时候不能看漫画,我想他这样偷偷摸摸地看也许更开心,所以就没有干涉过他。

家长对于孩子的娱乐活动往往很难把握应该干涉到什么程度。我觉得,只要孩子能遵守定好的规则,家长就不要过度干涉,这一点也很重要。

<二儿子的回忆> 在我家，客厅里没有电视很正常，我也没有特别想看电视。不过小升初考试结束以后有一段时间，我经常和妈妈约好时间，一起去看电视。我特别爱看综艺节目。我喜欢表演搞笑节目，高二时还曾经和滩校的同学搭档，一起参加过"M-1大奖赛"，这可是角逐全日本最厉害的青年漫才家的比赛。我在文化节上也表演过漫才，听说我当时的搭档后来进了电视台，负责制作综艺节目。

关键时期要把手机交给家长保管

我很早就给孩子们买了手机。

最早是大儿子在小学四年级开始到滨学园上课的时候。放学以后，我会开车去接他，但有时会找不到。我以为他还在教室，就上楼去找，谁知他已经下楼了；或者我在楼下，他却在楼上等着。为了能彼此确认对方的位置，我给他买了一部只能接打电话的手机，不过只有去辅导机构上课时才会给他用。那部手机连短信功能也没有，对于小学生而言，基本和没有手机差不多。

大儿子上初中后，我又给他买了一部手机。那时候上学单程就要 1 小时 40 分钟，学校也有很多活动会通过短信通知，所以给他买手机也是出于实际需要。后来，每个孩子升入初中后，我都会给他们买一部手机。

上高中以后，孩子们放学要先去辅导机构上课，然后再回家。每个人到家的时间都不一样，我要开车到车站接他们，所以手机就成了必不可少的联络工具。

在四个孩子当中，二儿子在家也经常发短信，手机响得最频繁，所以在准备期中期末考试期间，有时我会替他保管手机。不过毕竟是滩校的孩子们，随着高考临近，手机一下子就安静了。二儿子说"大家都忙着复习"，我非常佩服他们能这么快就切换到复习模式。因此，在我们家，家长和孩子没有因为手机发生过争执。

不过和现在相比，我家的三个儿子备战高考时，手机对生活的影响还没有这么大。

但在那之后，智能手机迅速融入了孩子们的生活，成为日常生活中必不可少的一部分，甚至有一些孩子玩手机已经成瘾。假如我的三个儿子在现在这样的时代复习备考……我想我肯定会让他们一到家就把手机交出来，由我一直保管到睡觉之前吧。

我这样做听上去似乎太严厉了，但如果家长和孩子没有这种决心，恐怕很难确保踏踏实实学习的时间。

如今，如果真想备战升学考试，必须严格控制手机的使用时间。尤其是在高考复习的关键时期，孩子沉迷手机的后果不堪设想。如果孩子一直不能放下手机，家长就需要做好"砸掉手机"的心理准备，真心实意地劝告孩子：如果现在不戒掉手机，你的一生就都毁了。我听说儿子一位朋友的妈妈真的把手机砸了，他才戒掉了手机。

😊 佐藤妈妈的育儿专栏④
用方便面当作考试期间的奖励

我平时从不买薯片、巧克力等零食。方便面对身体没有什么好处,所以平时我也不给孩子们吃。时间允许的时候,我会自己做一些甜甜圈,给孩子们当作零食。滩校离家很远,我怕孩子们在路上饿,所以除了便当,还会额外做一些饭团。

正因如此,每当孩子身体不舒服,或者看完牙医回家的路上,我会买一些市面上的零食给他们吃。这样可以营造出一种"不同寻常"的氛围,孩子们吃得开心,很快就会恢复活力。或许有人不理解为什么要在孩子们"身体不舒服"的时候让他们吃零食,我觉得主要是因为泡面太好吃了,加上我家平时不吃,所以方便面可以促进孩子们的食欲。

大儿子上滩校后,期中期末考试之前总会复习到很晚。他正是长身体的时候,晚上容易饿。我想考试也是特别时期,所以决定给他准备很多方便面。

这种时候，如果只允许准备考试的孩子吃，其他几个孩子就太可怜了。毕竟整个家里都是方便面的香味，只让考试的孩子吃其他孩子就不开心，所以我总是为四个人都准备一份。

我去超市，会把每种口味都拿4桶，一共买上40来桶方便面，像圣诞老人一样，背着鼓鼓囊囊的大袋子回家。

在平时和复习准备考试期之间画出一条界限，让孩子们努力学习时能享受到不同寻常的乐趣，孩子会更有动力。张弛有度也是提高成绩的诀窍之一。

买参考书和习题集别心疼钱

孩子们参加小升初考试之前基本没用过市面上的参考书。他们上了中学以后，我才开始积极地购买参考书。

孩子们用的参考书几乎都是我挑选和购买的。

或许有的家长会觉得让孩子挑自己喜欢的更好，但自己挑的书也不会让孩子学得更好。更重要的是，孩子们很难找到时间去挑选，把这些时间用在背诵或做题上更有价值。我家的方针就是，孩子自己做也不会提高成绩的事，一律由妈妈来做。

可能也有家长会担心自己不懂孩子学习的内容，不知道怎么挑选参考书。其实不用担心。我最多也只能看懂小升初考试阶段的学习内容，对东京大学入学考试的题目一窍不通，但这不影响我挑选参考书和习题集。

选参考书有一个关键，就是在巩固基础知识的阶段，要尽量选择内容浅显易懂、页数不多的参考书，让孩子能毫不费力地从第一页做到最后一页，这一点非常重要。做完一整本参考书，孩子会很有成就感，而且就像站在山坡上环顾四周一样，能看清自己接下来应该重点加深哪部分知识。这会给孩子带来学习的动力。

这和挑选烹饪书很像，同样一道菜，如果介绍的烹饪工序太复杂，或者字体看着不舒服，就会让人失去做菜的动力。好的烹调书既要让读者想去尝试，还要让读者觉得自己能学会。

我有时通过孩子同学的妈妈或者辅导机构老师了解更多信息，有时会到书店的参考书专区转一转，找一些连我也觉得很容易读懂的参考书。

不过，对于我买回来的参考书和习题集，孩子们也并不是都买账。尤其是三儿子，他好像不太喜欢有很多插图或者排版特别可爱的书。孩子们从我买回来的书里挑选自己喜欢的看，也有一些参考书或习题集孩子们几乎都没有动过。

可能有的时候确实不知道该买哪一本，那么可以把所有看着不错的都买下来。买参考书和习题集时千万别不舍得花钱。多买几本就会发现什么样的书能激发孩子的兴趣了。

大儿子和二儿子基本上没有自己买过参考书和习题集。唯独挑剔的三儿子时不时买回一些特别厚、特别小众的专业书。我知道他爱钻研，也就随他去了。

<大儿子的回忆> 有一次，我随口说了一句"我想要一本化学习题集"，妈妈马上就跑到书店，把所有书名里带"化学考试"字样的参考书和习题集都买了回来（笑）。我从里面选择适合自己的来做。有些书我没有用，妈妈也不会在意。她从来不心疼买参考书和习题集的钱。

薄习题集做三遍再换下一本

为了巩固基础知识，可以找一本比较薄的习题集做三遍，这个办法特别有效。

习题集页数少，说明内容以基础知识为主。孩子做过三遍之后，基础就会打得非常牢固，在学校的考试中也能考得很好。

中心考试自不必说，东京大学入学考试的试题也都是经典的好题，基本不会有偏题怪题。也正因为如此，巩固基础才至关重要。

特别是英语，我选的都是侧重基础的单词书和语法习题集。因为英语成绩就是要依靠基础知识的点滴积累才能逐步提高的。

掌握基础后，可以再做一些旨在帮助学生掌握更高深的知识的参考书和习题集。这时候，孩子的基础已经很扎实，可以看懂很多。他们能感受到自己的知识越来越丰富，学起来也会越来越开心。

如果习题集特别难，最后没做完，也不用担心。挑战高难度习题集的目的是在基础知识之上仔细打磨和积累解题技巧，量力而行就可以了。

还有一点,参考书和习题集每年都会出新版。一些经典系列也会根据最新的考试趋势不断补充升级。二儿子只比大儿子小一岁,但我也还是给他买当年最新的参考书,不会让他用哥哥用过的旧书。

单词书从中间开始背,每个词只记一个释义

背英语单词时,首先要选一本适合孩子的单词书。买之前可以翻开看看,最好有 40% 左右的单词是孩子会的。不要买难度太大的书,最重要的是能激发动力,让孩子愿意"把剩下的 60% 都背下来"。

一个英语单词常常有多个意思,单词书上也会列出好几个释义。我建议让孩子只记住第一个释义,然后接连往下背,不需要把每个单词的所有释义都记住。

把所有释义都背下来固然是最好的,但时间有限,还有很多的知识都需要记忆。想要把所有释义都记住,最后可能就没法把一本书都背完,这样的话是不可能在考试中取得理想成绩的。而干脆决定只记一个释义,背单词就会轻松很多。从我陪孩子们参加的这些考试来看,只记住一个释义就

足够了，所以不用担心。

大儿子擅长背诵，一本英语书很快就背完了。二儿子在书上写了发音相近的词，用这种技巧来背单词。三儿子虽然知道"只背一个释义就行了"，可还是会仔细查找每个单词的词源等信息。他喜欢这个过程，不觉得辛苦，我觉得这样或许可以加深理解，也就随他去了。

要坚持把一整本单词书都背下来有一个窍门：假如单词书一共 100 页，那就从中间的第 51 页开始背。这个窍门不仅限于英语，对任何语言的单词书都适用。

如果按部就班地从第 1 页开始背，很容易背到一半就因为累了而放弃。而从第 51 页开始的话，距离第 100 页这个终点就近了很多。可以背完最后一页，再开开心心地回到第 1 页开始背。由于后半部分已经背完了，孩子少了很多心理负担，很快就能背到中间，这本书也就都背下来了。

这种方法不适合必须从头开始循序渐进的参考书和习题集，但是对单词书非常有效。

另外，英语和文言文词汇只要用每天的碎片时间背就可以了，不需要花太多时间。

晚饭后是学习的"黄金时段"

正如每个科目都有适合的学习方法，每种学习方法也都有适合的时间段。比如从吃完晚饭到睡觉前的几个小时，可以集中精力思考问题，而且没有其他事情分神，是学习的"黄金时段"。这段时间适合静下心来专心做习题集。

二儿子上高三那年的 9 月，曾经在这个宝贵的黄金时段，一边哐当哐当地晃着椅子，一边漫不经心地翻看文言文词汇书。我看到他将近两小时都一直保持着这个姿势，就提醒他"你这样不对，现在应该做需要专注思考的习题集"。

二儿子不服气地说"可是这些文言文词汇也得背"。于是，我趁他睡觉时，做了一个原创词汇本，用大字把他要背的那些词汇都写在笔记本上，每页只写一个。

从第二天开始，在他学习间歇的休息时间，我设置了 15 分钟时间，让二儿子翻看笔记本，我对照词汇书挨个问他每个词的释义。遇到重点，我会多解释几句，或者让二儿子记在笔记本上。就这样，只用了三天时间，我们就把词汇全都记住了。二儿子也说："原来这么简单。"

我觉得背诵不需要占用太多时间，每次只要 15～20 分钟就可以了。安排日程时,可以把背单词放在两段学习时间的中间,就当是休息一下大脑。

初中开始挑战英语考级

参加英语考级,可以为学习英语增添一些很好的教材。英语等级考试有助于了解自己的掌握程度,题型中的写作和听力,也有助于孩子系统学习英语。最近好像有很多孩子选择考托业(TOEIC),不过考虑到和高考复习的契合程度,我家的四个孩子参加的都是英检[1]考试。

对照高考英语的难度来看,只要英检能通过准1级,就足以应对东京大学的英语考试了。反过来也可以说,要报考东京大学,英语必须达到英检准1级的水平,所以我家的四个孩子也都把通过准1级作为目标。有时赶上学校活动或社团比赛,复习时间很紧张,但我们的目标都很明确,"一定要通过准1级",所以从来没有妥协过。

大儿子上初一时第一次参加了英检3级的考试。为了让

---

[1] 英检指由日本英语检定协会实施的实用英语技能检定考试,目前包括7个等级,5级为最低级,1级为最高级。

他体验一下东京大学英语考试的难度，我同时也给他报了准1级。后来，他参加2级考试时也同时报了准1级。这样他的备考负担很重，看上去确实很辛苦，但凡事都要勇于尝试。大儿子很听话，我的建议都会照做，所以我记得他至少考过四次准1级。

3级或2级水平的孩子考不过准1级很正常，但也不至于得零分。而且在一次又一次挑战的过程中，孩子会欣喜地发现成绩是逐步提高的。当他觉得"咦？就差一点了，说不定下次就能通过了"时，我的计划就成功了，他会一下子觉得学习更有动力了。要想体验东京大学英语考试的难度，我非常推荐这个同时报考两个级别的方法。不过如果孩子看到题目难度太大，产生厌学情绪，就是事与愿违了，所以如果孩子不愿意，家长也不用强迫。

通过这种同时报考法，我的孩子们都是在开始高三复习之前就通过了英检考试的准1级。

＜大儿子的回忆＞我每次参加英检考试，都还要再参加一场更高级别的考试。我当然每次都考不过，妈妈也每次都说"你先试试看，能考多少算多少"。凡事都要先试试再决定，这就是妈妈的做事风格。不只英检考试如此，无论做任何事,她从来没有"反正也过不了,考了也没用"的想法。我也很想摸清自己的水平,所以就高高兴兴地去参加了考试。

英语阅读先看日语翻译,文言文阅读先看现代文翻译

英语的长篇阅读理解和文言文阅读很难直接读懂。尤其在学习的初期阶段,孩子看不懂文章写的是什么,容易厌烦,学不进去。

遇到这种情况,可以先阅读英文的日语翻译或者文言文的现代文翻译,弄懂了大意后再开始做题。我家一直采用先由我读日文翻译或现代文翻译,然后孩子们再开始做题的方法。英语和文言文的试题讲解里都有译文,我会自己先看一遍讲解,在读译文时根据情况加入一些解释。这样孩子可以更快理解内容,有助于他们更轻松地读懂原文,完成题目。

做这类题的正统方法应该是不借助任何其他资料,完全由孩子独立完成题目,但拘泥于这种形式容易浪费时间和精力,效率不高,我觉得没有必要拘泥于"正确的做法"。

不过,真正的考场上可不能先看译文,所以进入高三

后，孩子必须首先适应英语长篇阅读理解和文言文阅读。只要在之前的学习中打好基础，形成一定的知识积累，孩子们到考试之前就会具备相应的能力，不看译文也能顺利地读懂文章。

现代文阅读理解题的解题技巧

对于现代文阅读，掌握解题技巧比题海战术更重要。

高考中的现代文阅读理解题经常按照大人的常识出题，比如提倡各种族和谐共处、反对战争等。但考生还是涉世未深的孩子，常会因为不理解大人的逻辑而丢分。

有一次，我陪二儿子做了一篇中心考试的现代文阅读理解题。我跳过文章直接做题，竟然比读了文章的二儿子得分还高。儿子觉得不可思议，但事实就是如此。

也就是说，孩子们只要了解大人的价值观和常识，这些题就能拿高分。我觉得《出口汪现代文课堂的现场直播》系列参考书很值得推荐，这套书中也非常明确地提到了这一点。

这套书原本是我打算买来自己看的，没想到三儿子随手拿来，趴着看了一会儿，感叹"这本书真好看"，最后竟然好好坐起来，忘我地读了起来。于是，我把出口老师的其他参考书也都买了回来，让三儿子反复阅读。在这套书的帮助下，三儿子的现代文阅读理解做得特别好。

无论是中心考试，还是二次考试，语文都不容易拿高分。日积月累才能提高语文成绩，所以家长们一定要尽早开始准备。

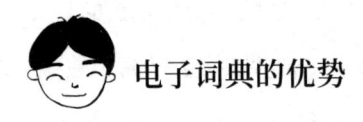

电子词典的优势

孩子们上初一时，我给他们每人买了一台电子词典。

我知道纸质词典有很多优点，查一个单词的同时顺带了解前后的其他单词，日积月累可以拓宽知识面。大儿子刚上滩校时，滩校也推荐孩子们用纸质词典。

不过高考复习是一场和时间的赛跑。虽然翻开纸质词典，找到目标词条也就用几秒的时间，但是查得多了也会累，累计下来也会浪费不少时间。相比之下，用电子词典马上就能找到要查的单词，效率更高。最近很多电子词典的显示屏都是彩色的，画面很好看，英语单词还附带标准的发音。

  孩子学习时，没必要一定坚持"用纸质词典"或者"自己制作单词本"等做法。我建议只要有效率更高的方法就都值得试一试。

  在我家的三个儿子当中，电子词典用得最多的要数喜欢查找资料的三儿子。到高中毕业时，他的电子词典已经坏过三次，每次都给他换了新的。大儿子的电子词典在初三时坏过一次，我直接给他买了一台最新款。只有二儿子的电子词典不知道为什么一直用到了高中毕业。这种地方也能看出孩子们性格上的不同。

😊 佐藤妈妈的育儿专栏⑤
校园开放日活动参加一次就够了

参加大学的校园开放日活动，听起来总是让人特别开心。尤其是学习遇到瓶颈时，想象一下自己在大学里学习生活的景象，特别有助于克服困难。如果想报考的学校离家很远，或者身边没有那所学校的师兄师姐，那么大学校园开放日值得一去。

不过，我觉得到处去参加大学的校园开放日活动很浪费时间，也没有太大意义。如果是小升初考试，考虑到孩子身心尚未成熟，今后还有六年的时间要在中学和高中度过，所以为了找到最适合孩子的学校，多参观几所也未尝不可。不过对于大学，我家的方针就是报考自己能力所及最好的学校，所以没必要参加那么多校园开放日活动。

我的大儿子当时觉得"没什么必要"，就没有去参加校园开放日活动。而二儿子报考时特别兴奋，闹着一定要去。他明明只是想和朋友一起去东京玩，不过我还是通过旅行社给他订了包含往返新干线和宾馆的 2 万日元套餐，让他和五个朋友一起去了。也不知道为什么，他出发时还把游戏机装进了包里。当时他们才高二，因为不放心孩子们独自出门，一位妈妈陪着他们一起去，给我们做了现场直播，"我们坐上新干线了，孩子们都在玩游戏"，还把照片也一起发过来。二儿子说他在东京大学的校园开放日遇到了很多滩校的同学，似乎给他增添了很多动力。

大儿子和二儿子刚在东京落脚之后，全家人曾经一起去他们的住处玩，三儿子趁那次机会顺便看了看东京大学，之后就没有去参加校园开放日活动。

大学的开放日通常安排在暑假期间，我记得东京大学的开放日好像是在 8 月上旬。很多孩子在高一或高二时参加，那时离高考还有一段时间，如果孩子想去，也可以带他去看看。不过我觉得只去第一志愿的大学就足够了。

第 6 章

如何考上东京大学
—— 条条大路通罗马！

我的四个孩子报考东大理三的原因

我的四个孩子都考上了东京大学理科三类，所以我在演讲或接受采访时，经常会有人要我给想送孩子上东京大学的家长提一些建议。在我看来，通往东京大学的路不止一条，不过有一个共通点：如果一直把东京大学视为遥不可及的学校，那么就肯定考不上。换句话说，考东京大学虽然很难，但必须把它当作能够实现的目标，制定具体的复习策略，而且要用正确的方法去努力，而不能没头没脑地只顾着狂奔。

不过，最重要的还是家长和孩子要保持方向一致。因此，在介绍针对东京大学的复习方法和策略之前，我先介绍一下四个孩子决定报考东京大学理科三类的经过。

我需要澄清一点，那就是我从来没有要求孩子们考东京大学或者要求他们当医生，甚至连想都没有想过。虽然自从孩子们出生，我从来没有吝惜过教育上的开销，一直竭尽全力陪伴孩子们学得更好，不过这只是因为我认为将来孩子们想走上理想的人生道路，基本上只能靠教育。

我一路陪伴着四个孩子，帮助他们走上自己期望的道路。这一切都是因为我希望能最大限度地提升孩子们的能力，而不是因为我自己想让孩子们上东京大学。

也许有些家长从小就会告诉孩子自己对他的期望，但这样有时会给孩子带来无形的压力，再说家长规划的路也未必适合孩子。

我觉得，家长可以给孩子的人生规划出谋划策，但如果把自己的期望告诉孩子，则有可能导致孩子为了不辜负父母，做出违背自己内心的选择。因此，为了尊重孩子的意愿，家长也应该避免对孩子说"我希望你将来成为……"等期望。

我的丈夫是律师，他似乎也曾经暗自希望有哪个孩子也能当律师。所以，从孩子出生起，我就嘱咐他"你千万不要对孩子说让他将来当律师"。

常有人误认为我的孩子都是"一心只读圣贤书"，其实他们在校期间都热衷运动，大儿子参加了足球队，二儿子参加棒球队，三儿子参加了乒乓球队。大儿子和三儿子上高中以后也还继续参加社团活动。女儿初中时参加了游泳队。我的二儿子特别爱说话，他在高中时和朋友结成漫才组合，还曾在文化节上表演漫才。我的每个孩子都享受了丰富多彩的校园生活。不过，他们的功课也没有落下，每次期中期末考试都会认真复习。

那么，为什么这四个孩子都报考了东京大学理科三类？这当然是他们自己的决定，但我感觉环境的影响也很大。滩校从高二开始分文理科。儿子们上小学时就喜欢数学，进入初中后数学、物理、化学等理科科目也都学得很好，所以选择了理科。滩校每年有很多学生考上东京大学和医学院，东大理三的录取人数居日本第一。运动社团里的师兄师姐考上东大理三，就成了儿子们身边的榜样。儿子们考上东京大学以后，这些师兄师姐也给他们提过建议。

除此之外，孩子们身边还有很多朋友都想报考东大理三，这也给他们增添了很多动力。他们与朋友们相互鼓励，相互切磋，到高二左右便顺其自然地确定了考东大理三的目标。对孩子来说，学校环境的影响非常重要。

女儿决定报考东大理三，主要是受到了哥哥们的影响。女儿考上洛南高中附属初中的那年，大儿子和二儿子考上了东大理三，当时读高二的三儿子也决定报考东大理三，所以女儿初一时就打算和三个哥哥报考相同的专业。所以说，家庭环境对孩子的影响也很大。

目前，大儿子当了整形外科医生，二儿子当了内科医生，三儿子和女儿还是医学生，他们每天都过着忙碌的生活。虽然全家团聚的机会少了，但看着四个孩子都如愿以偿走上了自己选择的道路，过着充实的生活，我就由衷地高兴。

六年一贯制中学是经典路线

在规划升学路线时，周围环境会对孩子的积极性和意愿产生很大影响，不过环境带来的优势还不止这些。比如，滩校的老师们非常了解东京大学的入学考试，所以孩子们可以在他们的指导下，顺其自然地掌握高效的学习方法和应试策略。

要考上东京大学，有一条所谓的"经典路线"。

家长可以在杂志或网上查一下各所高中的"东京大学录取人数排行榜"。近些年来，在东京大学、京都大学和医学院的录取人数排行榜上名列前茅的基本都是六年一贯制中学。因此，孩子们可以从小学三、四年级的2月开始到小升初辅导机构上课，之后考上东京大学录取人数较多的六年一贯制中学，这就是考上东京大学的经典路线。

从结果来看，我的四个孩子走的也是这条经典路线。他们从1岁左右开始上公文式早教课程，一直上到后来去小升初辅导机构滨学园上课为止。三个儿子从小学三年级的2月，女儿从小学一年级的2月开始到滨学园上课。通过小升初考试，儿子们顺利考上了滩校，女儿考上洛南高中附属初中，四个人最终都考上了东京大学理科三类。

有一些地区可能没有名牌六年一贯制中学，这种情况下可以考虑让孩子上寄宿制中学，或者借住在中学附近的亲戚家等。考虑寄宿或者借住亲戚家时，一定要先充分听取孩子的意见，想清楚孩子能否适应这样的生活，然后再做决定。初中生年纪尚小，如果要离开父母生活，家长一定要多和孩子联系，尽量多去看他。

如果这条经典路线实在走不通，那就需要由您作为家长，亲手开辟出通往东京大学的路。下面我将依次介绍一些开拓这条路的方法。

别放弃！成功之路不止一条

如果没有亲戚可以投靠，或者家里的经济条件不允许，也不必强求。走不了经典路线，家长还可以为孩子开辟出从公立高中考上东京大学的路。这种情况下，首先要争取考上所在省市最好的公立高中。

孩子如果不参加小升初考试，就不用去小升初辅导机构上课，所以小学阶段的这些时间可以来学习英语。如果能在小学期间参加儿童英检或英检考试，孩子上初中以后，学习英语会更顺利，在中考时更有优势。

此外，家长需要收集与报考重点高中相关的具体信息。在不同的地方，综合评价表在公立高中入学考试中的重要程度也不太一样。家长可以在初一入学后召开的新生家长会上，向班主任咨询综合评价表的相关情况，并转告给孩子。绝大多数公立高中在招生时还要考察学生的课外表现，所以不但要努力复习考好期中期末考试，还要积极参加社团、学生会以及学校的各种活动。不迟到、按时提交作业等也很重要。

同时，家长还要收集从公立高中报考东京大学的相关信息。所幸在这个时代，无论身在何处都能得到信息。要考上东京大学需要学什么，学到什么程度，家长必须获取和整理好这些具体信息。

缺乏信息时，通往东京大学的道路被浓雾笼罩，坎坷不平，杂草丛生，寸步难行。家长收集和分析信息，就像是斩除杂草，清走乱石，确保孩子的考学之路更好走。这样一来，浓雾就会消散，通往东京大学的路也就清晰可见了。

比如，同样都是名列前茅的公立中学，不同地区考上东京大学的人数也会有差异。请您对照"东京大学录取人数排行榜"等资料，查找自己所在省市最好的高中有多少学生考上了东京大学。如果录取人数少于其他地区，也应该做到心中有数。

升学辅导机构会在夏季和秋季组织东京大学模拟考试，其结果一定程度上反映了孩子是否达到了考取东京大学的水平。虽然该模拟考试主要是面向高三学生的，但也可以安排孩子在高一期间考一次，高二期间考两次，这样就能了解到孩子与东京大学之间还有多大的距离。在高三学年，至少要参加四次模拟考试，争取拿到 A 判定或 B 判定。如果孩子就读的高中考上东京大学的人数不多，那么最好能拿到 A 判定。

如果没有拿到 A 判定，家长可以陪孩子一起分析试卷，看看哪些题目不应该失分。如果能发现"只要这道题做对了,就能拿到更高一级的判定",孩子不仅摸清了自己距离东京大学还有多远,学习积极性也会被调动起来。

从录取考生经验谈中找线索

介绍了收集信息的重要性,我还想推荐一种收集信息的方法,那就是仔细阅读升学辅导机构出的录取考生经验谈。家长可以直接向辅导机构索要,也能在网上搜到。

录取考生经验谈中包含大量信息,详尽地描述了学生们考上东京大学的具体经过,其中还会有一些特殊事例,有利于家长了解众多考生的成功经验。我仔仔细细地读过100多名考生的经验,留意他们的学习方法、长期规划、日程安排、什么时候退出社团、上过哪些辅导机构、推荐哪些参考书和习题集、家长做的什么事帮助最大等,看到可以借鉴的内容,我都会贴上便签。

读过很多经验谈,会意识到"必须要这样努力学习才能成功",这有利于家长提前做好心理准备。不仅如此,家长鼓励孩子时,也可以拿出成功考生的具体例子,给孩子出谋划策，比如"很多录取考生都做过这本习题集""很多学生都是在这个阶段退出社团的"，而不是只是空泛地告诉孩子"你要好好学习""加油"等。

大部分高考经验谈都是孩子写的，而小升初考试被称为"亲子考试"，所以也有很多家长写的经验谈。家长帮助孩子考上心仪学校的经验非常值得借鉴。不过也有一些家长在孩子考上理想的学校之后，就淡忘了备考的艰辛，所以回忆时觉得孩子"没怎么复习"，这样的经验的价值可能就要打个折扣了。

多做历年真题和模拟考试题

不论走经典路线，还是自己开辟道路，都一定要做东京大学的历年真题集。书中分析了各个科目的热门考点和出题套路，家长也应该事先了解一些东京大学入学考试的倾向。

要考上东京大学，必须尽可能多做历年试卷。做的题越多，考上的可能性越大。我的三个儿子每个人都做过二三十份东京大学模拟考试和历年考试真题，女儿则做了100多份。

东京大学的入学考试虽然难，但是每道题都出得很好。一定要先帮助孩子打牢基础，然后逐渐去挑战难度更高的题目。

另外，我还建议在孩子初中时就可以买一些准备考东京大学的学生们做的习题集。如果孩子的英语和现代文学得好，就可以让他先挑战一下。做不出来也没关系，主要目的是了解东京大学入学考试的难度。

知己知彼，尽早了解考试机制

还有一项重要的准备，就是事先了解要学习哪些内容才能考上自己心仪的大学。滩校有很多毕业生都考上了东京大学，所以孩子们和我自然都很了解东京大学的入学考试。

东京大学从 2008 年起取消了理科三类的后期考试，2016 年度起取消了所有科目的后期考试，也就是说没有"败者复活赛"了。考生必须调整好心态，抓住唯一的胜出机会。不过从我的经验来看，考生能做的也只有相信自己"我已经把该复习的内容都复习了，一定没问题"，也就是只能一步一个脚印，通过日积月累来培养实力。

从 2021 年起，中心考试改为大学入学统一考试。以前要考东大理三，中心考试必须做对 90%，即满分 900 分，至少要考到 810 分。可能大家听到"做对 90%"，感觉就像要去攀登一座高不见顶的大山，我觉得也可以把目标设为尽量超过第一阶段选拔及格线[①]就行了。

准备二次考试的关键是通过历年真题了解出题风格。不仅东京大学如此，考私立大学也同样需要这样做。我的四个孩子正式做东京大学的二次考试的历年真题，是在中心考试结束之后到二次试验之前的一个月，不过我很早就买来了真题集。除了收录近 7 年真题的《东京大学理科前期考试》红宝书，还买了收录 25 年真题的各科目红宝书。

东京大学有自己的出题风格。如果孩子一直以东大理三为目标复习，到最后因为没有自信而在临考前改报其他国立大学的医学院，也不可能取得好成绩。私立大学也是一样。同时报考早稻田和庆应等私立大学的孩子，必须采用相应的策略来复习。这是高考和小升初考试最大的不同。准备小升初考试时，针对第一志愿复习同时可以适用于第二志愿和第

[①] 当报考人数高于招生人数一定程度时，大学会首先根据中心考试成绩进行第一阶段选拔。只有通过第一阶段选拔的考生才能参加二次考试。

三志愿。但高考并非如此。不仅东京大学这样，各所大学都是如此，只有让孩子亲自做了历年真题，才能熟悉每个学校的出题风格。

我的孩子们从一开始就只打算考东京大学，没有考虑过更改志愿或者同时报考私立大学。二儿子在高三那年秋天的东京大学模拟考试中拿到了 C 判定，曾经说过"要不然我不考理三了"，只有这么一次。他很快又振作起来，继续努力复习了。

正因为他抱有"东大理三"这个坚定的目标，才努力坚持到了最后。如果心里想着"复读一年也没关系""考其他国立大学也行"，或许就没有这么顺利了。

< 三儿子的回忆 > 考试最终考验的是考生的意志力。轮到我高考时，妈妈好像已经知道"学了这么多，一定能考上东大理三"了。我的两个哥哥都考上了，还有经验丰富的妈妈陪着我，所以我才没有逃避，一直坚持到最后。哥哥们让我觉得东大理三近在身边，妈妈鼓励我"做好这些就能考上"，这些都是我的精神支柱。

最后40天再做一遍模拟考试题

我的三个儿子都是在高二的2月第一次参加高考的模拟考试。女儿从初三开始参加高三水平的模拟考试。她每年都要参加一次,就好像参加什么特别的仪式。物理、化学的题目几乎都做不出来,不过英语和数学中学过的部分能做对,所以也能得到一些分。

孩子们进入高三后,5月参加骏台预备学校举办的模拟考试,7月参加代代木学院举办的模拟考试,9月参加河合塾和骏台的模拟考试,10月参加河合塾的模拟考试。① 除此之外,夏天还参加了专门针对东京大学的三种模拟考试"东京大学配套公开考试""东京大学高考实战模拟考试""东京大学高考预演考试",这三种模拟考试到11月还有一场。所以到了这个阶段,每逢周末就要到各处赶场参加模拟考试,真的特别忙。

模拟考试终究只是模拟,没必要因为成绩患得患失。发现哪里学得还不好,只要及时补上就是了,不用因为分数不够就失去自信,降低报考学校的档次。不过如果成绩明显差

---

① 这里提到的骏台预备学校、代代木补习班和河合塾都是日本知名的课外辅导机构。

太多则要另当别论了。尤其是高考临近之前，模拟考试的成绩很重要。有的考生即使临考前的成绩不理想，最后冲刺一下可能也还来得及，但如果感觉长期以来的积累确实不够，那么可能就需要考虑调整目标了。

我的二儿子在高三那年秋天的一场模拟考试中拿到了东大理三的 C 判定，也就是说，考上东大理三的概率只有 50%。我们在 12 月上旬拿到这个成绩时，距离中心考试还有一个半月，距离二次考试还有两个半月，所以为了最大限度利用好最后的这段时间，我重新制定了复习计划。

二儿子说，他很担心现代社会的成绩，这门科目只有中心考试考。我让他做了一份真题，只得了 50 分左右。中心考试的目标是答对 90%，只考 50 分肯定要给总成绩拖后腿。这会二儿子也有些慌了，但我觉得他的英语和数学成绩都不错，理科也一直学得很扎实，所以决定要坚持继续努力。我对他说："现在只能下决心拼命学了。再说照你的这种性格，改考别的学校也不容易考上。"我也是考虑到二儿子的性格，即便复读一年也不会更刻苦。这次模拟考试的 C 判定给二儿子带来了危机感，也成为我重新制定复习计划的契机，最后推动二儿子考上了东大理三。

另外，我把孩子们参加过的所有模拟考试的试卷都装在透明文件盒里保管起来。尤其是专门针对东京大学的模拟考试，可以在中心考试结束后到二次考试之前的 40 天再做一遍，有利于掌握出题倾向，效果特别好。三儿子还做了两个哥哥参加过的模拟考试试卷，对他的帮助很大。市面上可以买到东京大学最近几年的模拟考试题，家长一定要买来让孩子做一做。

"红宝书"从最近一年开始做

历年真题集俗称"红宝书"，是厚厚的一大本，前半部分是试卷，后半部分是讲解。孩子们自己翻看这一大本厚书，效率很低，要找半天才能找到自己做错的题的讲解。

于是，我就用美工刀把红宝书的试卷部分和讲解部分裁开，再把试卷部分按照不同年份裁开，用订书机订好。每份试卷都要在侧面贴上彩色胶带或便签，用不同颜色区分，孩子们一看就知道是哪一年的题目。然后我还会在第一道题的上方写上计划做这套题的日期。讲解部分也给每一年都贴上索引标签，让孩子很快就能翻到需要看的位置。这样就大功

试卷部分按年份拆开，分别贴上不同颜色的胶带

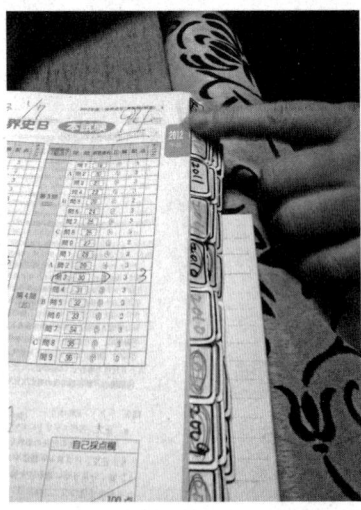

讲解部分按年份贴上索引标签，节省查找时间

告成了。

做历年真题时，重点是要从最近的一年开始做。因为每年的出题思路都不一样，年份太早的试题中无法抓住最新趋势。还有，在孩子培养起考试时间分配的意识之前，最好设置和正式考试相同的时间来答题。

孩子们做题时，我会一直陪在旁边，做完一份就马上核对答案打分。我会用彩色铅笔标出哪里做错了，在对应的答案处也用相同颜色的铅笔做上记号。红宝书的纸比较薄，彩色铅笔比钢笔用起来更方便。如果这道题已经是第二次做错了，我会用不同颜色的笔标出来，同时还要抄到笔记本上，作为需要重点留意的题。之后再把试卷还给孩子，孩子马上就能看到做错的地方并找到对应的讲解，复习起来特别快。在临近考试之前，孩子还可以再次翻看笔记，做最后的复习。

我在拆好的每份试卷的封面上，写上做题的日期和分数，还会做一个一览表，把每次的分数都写进去，孩子看到自己每多做一次就进步一些，积极性就会更高。

此外，家长还要制定具体的计划，确保孩子把所有真题都能做完，比如"今天做 2008 年到 2005 年的真题""明天做 2004 年到 2001 年的真题"等。

＜三儿子的回忆＞妈妈按照年份把红宝书拆成一份一份的，还帮我打分，所以我复习得特别顺利。我做错的地方，妈妈会用颜色醒目的笔圈出来，帮我翻到教材上相应的那一页，所以我改错也很快。特别是东京大学的历年真题，做得越多，从中学到的知识和发现的问题也越多。就算每做一遍只能提高2分，那么做35遍也能提高70分。

中心考试的"社会"从12月开始集中复习

尽管英语采用社会化考试以及语文数学试题中新增文字叙述题的考试改革计划暂时搁浅了，2020年起实施的大学入学统一考试仍是一个新的挑战。以往的中心考试的试题都特别好，所以还可以用历年真题来准备统一考试，而且了解中心考试的出题思路和应试策略对准备新高考也会有一定的帮助。

不同于私立大学的入学考试，中心考试不会考察特别难的专业知识。只要学好学校课本上的知识点就没有问题。也就是说，只要为二次考试做好了准备，自然也能答对中心考试的试题。因此，在我家，"复习中心考试"就是指复习只有中心考试会考的科目，也就是"社会"。孩子们正式开始为中心考试复习是在高三那年的12月，也就是中心考试的大约一个半月之前。

进入高三，从5月到11月末，孩子们都要忙着参加东京大学模拟考试，复习中心考试和二次考试都要考的理科等科目。虽然社会科目也是早一些开始复习会更好，但考虑到孩子们的主要精力都要用于参加模拟考试等，穿插着复习一点社会也没有太大意义，我索性决定放到最后集中复习。

大儿子和二儿子都选了现代社会，因为这个科目考试范围不大，比较容易背，负担要小一些。然而三儿子高考那年不能选现代社会了，所以他选了世界史。

二儿子的复习方法就是尽可能多做历年真题。他对中心考试的语文也没有把握，于是也同时做语文的真题，每天做两份语文试卷、三份社会试卷。我先做好计划，明确他什么时间做哪份试卷。最后，他一共做了过去23年的中心考试真题，其中现代社会试卷做了两遍，语文做了一遍。之后，他又做了市面上买来的中心考试模拟试题集。这些试卷也同样由我来打分，标出做错的地方。每天坚持做题的过程中，我们渐渐发现"国际关系"是二儿子的弱项。

找到了短板之后,接下来就要大声朗读这一部分的参考书。我也读,二儿子也读,通过听觉把知识点都输入大脑。这个部分包括涉及多个国家的纷争,背后掺杂着宗教问题,历史经过极为错综复杂。中心考试的题型都是选择题,不需要把国家名称都准确地写出来,最适合用出声读的方法准备。读完之后做真题,做完真题再继续读。到12月31日,我们终于觉得复习到了"差不多没问题"的水平。

进入1月,二儿子开始第三遍做历年真题。通过这一遍做题,他巩固好了所有知识点,可以迎接正式考试了。最终他考出了理想的分数,我也很开心。我感觉对于只有中心考试要考的科目,放到后面集中复习要比提早复习效率更高。

三儿子高考时,在12月之前,我们一起商量要怎么复习。世界史有两种复习方法,一种是按照不同时代,横向复习,还有一种是按照不同国家,纵向复习。三儿子希望按不同国家复习,于是我找来了可以按照不同国家和地区学习的参考书。

我们最终使用的是《新版世界各国历史》。这套参考书包括英国历史、美国历史、中国历史等几个分册,非常适合按国家复习。我们把这套书出声读了很多遍。和二儿子复习时一样，有时候是我来读，有时候是三儿子读，用这种方法明显要比记笔记背诵的方法轻松。应付考试最重要的是知道正确答案，所以通过听觉输入知识点就可以了。

在朗读的间隙，我还让孩子穿插做一问一答式的习题集，以便确认知识点的记忆情况。我准备了两本相同的习题集，我拿一本填上答案，另一本交给三儿子，让他按顺序作答。这种时候，三儿子基本上都是躺在靠垫上的。如果他做错了，我给他讲解时，他会边听边答应，不过身体一直都处于放松的状态。一直坐在书桌前复习很容易累，做问答题的时候就放松一点吧。

最后的巩固阶段还是靠做历年真题。三儿子把红宝书《中心考试历年真题研究 世界史B》至少做了三遍，在反复做题的过程中标记重点。错过三次的关键词可以用各种颜色的彩笔写下来，贴到墙上。这也是我的工作。不仅如此，我还总结了每个国家容易出错的知识点，做成原创笔记。这本笔记对最后的复习很有帮助，大家也可以试试。

就这样，那段时间我们高强度集中复习，有时甚至一天15小时都在复习世界史。丈夫一大早出门上班，半夜回来看到我们还在复习世界史，或许是实在有点担心，还悄悄地过来问我"不要紧吧?",我若无其事地告诉他"啊,不要紧,别担心"。平时丈夫从来不会过问孩子们的学习,可能他看到儿子一直在复习世界史才感到担心的吧。

三儿子做过的世界史真题。由妈妈负责打分,
还标记了很多注意事项和讲解

<二儿子的回忆> 在中心考试中,语文和社会都很难考到 90% 的分数,我觉得如果其他科目超过 90%,所有科目平均下来达到 90% 就可以了。语文和社会只要尽量不太拖后腿就好。复习语文最有效的办法就是做历年真题。除了文言文外,现代文的真题也要反复做。有很多考生觉得重复做现代文真题没有意义,其实多做几遍你就会发现,自己的逻辑思维得到了锻炼,答题会越来越轻松。

＜三儿子的回忆＞经历过高考以后，我觉得准备中心考试光靠做真题还不够，还是应该围绕做错的地方，认真阅读参考书，重温相关的知识点。真题需要多做几遍，以前错过的题目在第二遍之后需要重点确认。做的遍数越多，知识点记得越牢固。

☺ 佐藤妈妈的育儿专栏⑥
比求神拜佛更管用的方法

随着高考临近,很多家长和孩子心里开始越来越不踏实。虽然每天都在认真复习,但真的能顺利考上吗?万一落榜了怎么办……

为了缓解心中的不安,有些人会去求神拜佛,或者买转运石之类的东西。我想可能家长太焦虑了,就会把希望寄托在各路神灵上,也可以算是"许愿"吧。

然而,复习考试的过程中,最重要的还是日复一日、平静而认真地完成既定计划。

早上起床后,只要想着把今天的24小时充分利用好就可以了。吃饭、上学、去辅导机构上课、回家后做15~20页社会习题集……每天要做的就是逐项完成当天的日程计划。我总说,忘掉昨天,也不惦记明天,只专注地过好今天。与其费心费力去许愿,不如踏踏实实地完成每天的计划,心态平和地走上考场。

在高考前的最后三个月,家长会非常焦虑。可其实就算落榜也不至于丢了性命。想好了报考哪所学校，接下来就下定决心。总想着万一落榜，耽误了最关键的复习，就是本末倒置了。只要能在考试的两天前按部就班地完成所有复习计划，这本身就能带来莫大的自信。在高考的前一天，我总会告诉孩子："尽人事，听天命，顺其自然吧。"

考场附近的宾馆要提前一年预订

如果报考的大学离家很远，必须在考场附近预订宾馆，这是家长的工作。孩子们必须把所有精力都用在复习上，所以家长要提早做好准备。

滩校有很多学生家长会在夏季预订二次考试的宾馆，不过家长平时也都很忙，万一忘记就糟了。因为我的孩子们很早就决定报考东京大学，所以每年东京大学入学考试结束的第二天，我就会在东京巨蛋饭店预订好下一年的房间。

东京大学理科一类和二类的考场在本乡校区，理科三类的考场是本乡校区旁边的弥生校区。从东京巨蛋饭店走过去大约20分钟，开车5分钟。从大儿子第一次高考起，我们每次都住在这家宾馆，我比较熟悉，住着很放心。

订好房间后，我大致每三个月会给宾馆打一次电话，确认之前的预订没有任何问题。因为也可能会出现人员操作失误或者电脑故障的情况，光是预订好了还不够保险。

大儿子考完的第二天，我想着明年轮到二儿子高考，便预订了房间。后来，我夏天之前打电话确认时，忽然想起来自己只预订了两个人的房间。大儿子需要再次参加高考，我却忘了给他预订。幸亏打电话确认，我松了一口气。最后高考前夕，我们三个人顺利地住进了同一个宾馆。

可能有些人到最后关头才能决定报考哪所学校。但因为没决定考哪，就不预订宾馆，只会增加隐患。特别如果报考位于地方城市的大学，宾馆数量少，到了考试前夕再找，恐怕大学附近的宾馆都已经订出去了。如果住到要坐车超过20分钟才能到学校的宾馆，考试当天不但要浪费时间和体力，万一遇到下雪，打不到车就更着急了。假如报考时在三所大学之间犹豫不决，可以先提早预订三家宾馆。决定报考哪所学校之后，再给另外两家宾馆打电话取消预订就行了。

如果是从来没去过的地方，可以和孩子一起去考场探探路，这样就会放心很多。考试前的两天来宾馆入住之后，再去探探路，考试前一天在宾馆里放松休息，这样的安排最理想。

高考当天是检验多年的努力成果的日子。一定要做好万全的准备，以最佳的状态迎接这一天的到来。

考试前一天 22 点睡觉

我的三个儿子都是在神户市内参加的中心考试，当天早上从奈良过去也来得及。但是我想这么关键的早晨还是尽量从容一些，所以每次都会在神户市内预订宾馆，我也和孩子住在一起。

考试前一天重点回顾历年真题中出错的地方。数学或语文都是在考试前一天复习也不会提高成绩的科目，所以主要复习现代社会和世界史等社会类科目。

我们吃的饭比较简单，都是从便当店买回来的。为了防止吃坏肚子，我会避开生鱼片和烤肉，挑选彻底加热的菜品，比如炖肉饼便当等。

孩子在寒冷的冬季参加高考，本来就容易出现感冒等各种不适，万一再闹肚子就更麻烦了。家长一定要照顾好孩子的身体。

还有，我要求孩子们 22 点上床睡觉，就算一时睡不着，到 24 点也差不多能入睡，总之让孩子尽早休息很重要。

有的孩子考试当天会和朋友一起结伴去考场，不过父母陪在身边，至少早上可以叫孩子准时起床。

二儿子参加中心考试那一年特别麻烦。他要和滩校的同学一起去神户考试，但是大儿子第二次中心考试的考场却在奈良，而同一天恰恰还是女儿小升初考试的日子！

再怎么说也不能让年幼的女儿独自去考试，所以我决定陪女儿，让当时上高一的三儿子陪着二儿子去神户。两个人一起应该不会睡过头，遇到紧急情况也能有个照应。然后丈夫把大儿子送到考场。我们全家出动，共同度过了这一关。孩子们都顺利结束了考试，我才总算松了一口气。

二次考试之前要按考试当天的时间安排作息

东京大学的二次考试在 2 月 25 日和 26 日（报考理科三

类的考生还有27日的面试）举行，距离中心考试结束大约40天。这段时间还不能放松，要照顾好身体，不能太逞强，只要按部就班地完成既定的日程安排就可以了。

大儿子第一年是在家里按照自己制定的计划复习的，第二年他决定去辅导机构的自习室复习。他每天早上9点到自习室，中午吃我准备的便当，一直学到晚上9点，回家后马上睡觉，第二天早上再出门去复习。二儿子和三儿子都是在家复习，我一直陪在他们身边帮忙。

三个儿子复习的模式和地点各有不同，不过这个时期最重要的就是要按照正式考试的时间安排学习内容。不仅要确保在规定时间内把试卷做完，还必须要在有考试的时间段保持注意力高度集中。

三儿子吃完饭后容易犯困。他说太困就没办法集中注意力，所以曾经提出吃完午饭后想睡两个小时午觉。他连续试了几天，但我觉得这样下去，考试当天的这个时间他也会睡着的，于是重新调整复习计划，让三儿子在午饭后必须保持清醒。我觉得家长应该事先查一下，考试几点开始，午休时间有多长，以及下午几点开始考试等，让孩子按照这个时间来安排复习。尤其是平时喜欢复习到很晚的孩子，家长一定要想方设法把孩子的作息时间调整过来。

每到这个时期，我都会把当天的日程写在一张大纸上，贴在孩子们能看到的地方。午饭、洗澡等日常生活安排都写进去，我也会做好准备，确保按照计划准时开饭。

有些人一想到要考试就会紧张，或者担心中心考试成绩不理想……可是想这些事都没有意义，还不如把全部精力集中在当下，专注完成每天的计划。所有复习都按计划完成了，才能带来真正的自信。

高考当天要把孩子送到考场大门

东京大学二次考试的日子终于到了。前一天晚上我们住在东京巨蛋饭店，和中心考试时一样，晚饭是在房间吃的不含生鱼肉的便当。

考试当天的早饭也是在便利店买的不含生鱼肉的饭团，然后我从东京巨蛋饭店把孩子一直送到东京大学的校门口。我提前仔细查好了地铁的时间和路线。

我一直认为自己的职责就是把孩子养育到18岁，把他们送到自己喜欢的道路上，所以到了这一天早上，我的心里百感交集。要说孩子已经18岁了，一个人去考场也没什么问题，但万一路上遇到什么突发情况呢？而且这一天也是我所有努力的终点，这么多年陪着孩子一路走来，守候到最后一刻既是我的责任，也是我的愿望。

目送孩子进校门后，我回到宾馆。对家长来说，接下来都是自由时间，有的妈妈会外出购物或参观游览，但我总是留在宾馆里。东京大学的考试第二天还要继续，我万一出去摔一跤扭伤了脚，就会给孩子们添麻烦。所以我选择在房间里贴个面膜，舒舒服服地泡个澡，看看书，一边享受着难得的悠闲时光，一边等孩子回来。

我觉得陪伴孩子就要陪到这个程度，毕竟一辈子只有这一次。一旦落榜，下次就要等一年，还不如全力以赴，一次成功。

第 7 章

女孩备考的注意事项

—— 我与女儿的二人三足

高三暑假大吵一架!

我的三个儿子都考上了东京大学理科三类,或许有人会觉得小女儿的备考过程应该是最顺利的。说实话,我也暗自以为,第四次陪伴孩子备考,只要按照过去的方法做就行,肯定很轻松。毕竟在陪伴三个儿子的过程中,我已经掌握了一定的辅导技巧。谁知道事情并没有那么简单。

现在回想起来,和儿子们相比,女儿备考时,我们家的环境发生了很大变化。女儿上初三时,三儿子考上了东京大学。三个儿子都去了东京,奈良的家里只剩下女儿一个孩子。这是她第一次处于"独生子女"的状态。

我之前一直把陪伴三个儿子时总结的技巧直接用在女儿身上,她也都是顺从地听我安排。然而高三那年的暑假,我和女儿却大吵了一架,连着两天彼此都没有说话。

吵架的起因是高考辅导机构铁绿会组织的暑期集训。

我建议女儿不要去参加暑期集训,而是在家专心做东京大学模拟考试的历年试题。因为参加集训需要在大热天里从奈良坐车到大阪，每天路上往返两小时，我怕女儿的身体吃不消。再说高三暑假时，女儿已经有了一定实力，我敢肯定，与参加暑期集训继续"输入"相比，通过做模拟考试题"输出"的效果要更好。

我的三个儿子当时也没有参加辅导机构的暑期集训，都是在家做东京大学模拟考试的历年试题。女儿体力比不上哥哥们，高二下学期到高三第一个学期的身体状态一直不太好，所以我更不想让她在大夏天出去上课，把身体累坏。可女儿却执意要参加暑期集训。

而且她还对我说："妈妈，你那一套方法或许碰巧能帮三个哥哥考上东京大学，但对我不一定管用。"听到这句话，我实在很生气。我能想象女儿参加暑期集训回到家里疲惫不堪的模样，出于担心才不让她去。

现在想来，我也许是因为女儿曾经身体不好，在学校和辅导机构都请了很多假，所以才那么担心。我为了她好，她却不领情，让我觉得很伤心，而且更过分的是，她还否定了我的教育方式，我非常生气，整整两天没和女儿说话。

冷战持续了两天，后来我想不能这样下去，就给住在东京的儿子们打电话，商量对策。他们轮番开导妹妹，"我们几个按照妈妈说的做，最后都考得很好。就算你现在不服气，最好也还是好好听妈妈的话"。除此之外，他们还照顾妹妹的感受，帮我想了一个折中方案，"让她只去参加两天暑期集训吧"。

最终，我和女儿接受了儿子们的折中方案，女儿同意只去参加两天暑期集训。我拿出日历，让女儿选好哪天去参加集训，把想去集训的日子圈出来。

现在回想起来，儿子们复习备考时，家里还有其他孩子陪伴，而小女儿从初三开始，家里就只有她一个孩子了。整整一个暑假，学校都没有课，在丈夫回来之前，家里一整天只有我们两个人。女儿可能是想出门透透气吧。

除了参加暑期集训的那两天以外，女儿和哥哥们一样，一直在家做东京大学模拟考试的历年试题。

暑假期间，骏台预备学校、河合塾和代代木学院会组织东京大学模拟考试，按照东京大学入学考试的形式和风格出题，报考东京大学的考生都会参加。夏季和秋季各有三场模拟考试，女儿是我家的第四个考生，我已经知道了怎样能考到 A 判定。所以，我给女儿制定的目标是"在所有东京大学模拟考试中拿到 A 判定"。

模拟考试成绩不好，正式考试也很难考高分，如果能在东京大学模拟考试中拿到 A 判定，参加正式考试时也会更自信。所以我也给女儿买来东京大学模拟考试的历年试题集，为考到 A 判定做准备。

最终，女儿除了第一场模拟考试因为身体刚刚恢复，以两分之差拿到了 B 判定之外，后来的所有模拟考试都拿到了 A 判定。在秋季模拟考试中，女儿因为暑假期间做了大量真题，还顺利地跻身优秀考生之列。

女儿笑着说："幸亏听妈妈的话，做了很多模拟考试题。"我也笑着说："你看，听我的没错吧。"

女孩越早开始备考越有利

女儿和三个儿子不同，她改错题的时候喜欢面面俱到，花很多时间慢慢回顾。虽然不能一概而论，但我觉得男孩和女孩在很多方面都不一样，复习时多照顾女孩的特点，效果也许会更好。根据我陪伴三个男孩和一个女孩的经验，我给大家的建议就是,女孩越早开始复习备考越有利。

最主要的原因是体力上的不同。通常来说,男孩的体力好,能坚持复习到最后,而且成绩多在后半段突飞猛进。我的儿子们也是在退出社团活动之后才开始集中精力复习,把成绩提升上来的。这种短期冲刺式的学习方式需要足够的体力,而女孩对体力没那么自信,就可以提早开始准备,稳步提升实力。

很多家长选择让孩子从小学三年级下学期开始去小升初辅导机构上课,连上三年。我的三个儿子也都是从这时开始上浜学园的。女儿看到哥哥们乐在其中,可能觉得去辅导机构很开心,想要早点去,所以我从小学一年级下学期就给她报了名,比哥哥们早了两年。当时我觉得有点早,不过后来她上到小学六年级时,我意识到男孩和女孩体力不同,又庆幸当初让女儿提前去辅导机构上课。有了这个经验,之后女儿上铁绿会也提前了一些。大儿子从高一开始,二儿子和三儿子从初三开始,而女儿则刚上初中就开始了。初中阶段,她在铁绿会只上英语课和数学课,高一开始加上化学课,高二开始又增加了物理课。

家有女孩的家长还要注意一点,女孩们一般学习都很认真，所以既要提早开始准备，同时又要提醒孩子别太辛苦。

前面也提到，我的女儿生过一场病，有很长一段时间都没去上学。虽然我也嘱咐过她不要太累，但高二那年，她做作业太认真了，甚至牺牲睡觉时间熬夜学习。不知是不是这个原因，女儿从高二下学期的2月开始发烧，身体状态很不好。到了3月末放春假时，脖子上还长了一个小疙瘩，我特别担心。

马上到医院去检查，医生怀疑是急性淋巴炎，但是要在脖子上切一个三厘米的小口，进一步检查才能确诊。我不想让女儿的脖子上留下疤痕，于是决定先吃药缓解症状，观察一段时间。

走出诊室，我碰巧遇到了一位相熟的同学的妈妈。我把女儿的情况告诉她，没想到她的孩子几年前也出现过同样的症状，而且她说孩子休养一段时间就好了。

听她这样说，我也下了决心："女儿的健康最重要！就算明年春天不能参加高考也无所谓，还是让她好好休养吧。不在脖子上做手术，慢慢保守治疗。"

到4月份，女儿高三了，但她基本没去上学，继续在家休养。刚上高三就请长假，有一种出师不利的感觉，但我还是坚持要优先把病养好。女儿在家休息期间，身体情况逐渐好了起来。到了 5 月中旬,脖子上的疙瘩也消了,终于可以重返校园了。

儿子们体力充沛,在高三暑假期间每天睡 7~8 小时就够了,而女儿病刚好,我嘱咐她千万不要硬撑着学习,感觉累了就早点休息。所以有时她能足足睡上 9~10 小时。到了秋天,我每天都让女儿喝些有益健康的酸奶和乳酸菌饮料,格外注重管理她的身体状态。

后来,女儿一直保持了很好的身体状态,作为应届生顺利地考上了东京大学。

她在高二学年末病倒,上高三又请假休息了一个半月,当时我以为"今年高考可能悬了"。结果女儿前后休息了约三个月,却还能应届考上东京大学,我觉得主要归功于她很早就开始备考培养了实力。

考试也要尊重女孩的爱美之心

很多女孩子会花不少时间来关注自己的外在形象。过去,我一直认为在复习考试期间,这种和考试没有直接关系的事都应该放下。然而,在陪伴女儿备考时,我开始觉得,为了平稳度过压力如此之大的备考期，家长也应该尊重这些女孩们特有的心思。只要家长多用心一点，就能在不浪费过多时间的情况下提升孩子的学习积极性。

下面就是我兼顾高考复习和女儿爱美之心的一些具体经验。

我自己一直忙着带孩子，根本没有时间保养头发，儿子们对洗发水和护发素也都没有特别的讲究。

但女儿上中学时，特别爱惜她那一头披肩长发。我家之前用的都是最普通的洗发水和护发素，而女儿上初三后提出"我想用网上看到的这种洗发水和护发素"，好像是因为香味不一样，长头发在风中飘舞时会散发出洗发水的香味吧。女儿尝试了很多款洗发水和护发素，比较各种不同的香味和头发的柔顺程度等。她想要的牌子越来越贵，但我很理解女孩想拥有一头秀发的心情，所以都会尊重她的想法，接连买来各种新产品。

儿子们连洗澡带洗头也不过花 15 分钟左右，而女儿总是慢条斯理的，做什么事都很细致，光洗澡就要用 40 分钟，再用吹风机把头发吹干，额外还需要 40 分钟。我看她很享受这个过程，在高二之前都没有干预。但上高三之后，女儿还是优哉游哉地洗澡、吹头发，我实在忍不住才提醒她，1 小时 20 分钟实在太长了。

无论男孩女孩，到高考之前的准备时间都是一样的，成败的关键是如何有效地利用这段有限的时间。能否利用好这段时间决定了能否考上理想的大学。把过多的时间用在打扮上，我觉得很不值得。

怎样才能让女儿在爱美的同时，保证充足的复习时间呢？我也想过让女儿"把头发剪短，缩短洗头和吹干的时间"，但我知道她特别喜欢自己的长头发，所以决定以女儿的感受为重，没有要求她剪发。

后来，为了节省时间，我决定和女儿一起洗澡，帮她洗头发、吹头发。我买来美发店专用的吹风机，从高三下学期开始，让女儿利用我给她吹头发的时间复习英语或文言文词汇。女儿只要坐在那儿就有人给她吹干头发，还可以复习单词，所以非常开心。头发的问题就这样解决了，既保住了漂亮的头发，又挤出了学习时间。

我和女儿一起泡澡时，可以畅聊各种话题，非常开心，我还可以帮她搓背。或许有人觉得我做得太多了，但女儿很感谢我："有妈妈帮忙，我轻松多了。妈妈搓背特别舒服，谢谢妈妈。"

和女儿一起洗澡,帮她洗头搓背,吹干头发,这样的日子一直持续到东京大学入学考试结束。在我家,过去曾经有四个孩子围在我身边,每天都很热闹。儿子们去东京上学以后,家里只剩下女儿,想到不久后她也将离家独立生活,我的心里就会有很多感慨。大学入学考试前,每天和女儿一起洗澡的时光也成了我难忘的回忆。

高考复习期间,孩子们本来压力就很大,家长一定要支持孩子,帮他们提升动力,确保他们能顺利复习。尤其是女孩子,尊重她们的爱美之心也是一种支持。那时候,我会给女儿买来可爱的小手帕,听说附近新开的蛋糕店的蛋糕很好吃,我就会跑去买来给她尝尝。备考复习总要面临出结果的那一天,向着目标努力的过程十分艰辛。只要不打扰孩子复习,家长应该尽自己所能,让他们能以轻松的心情备战高考。

拜伦好帅!在闲聊中快乐复习世界史

大儿子的高考复习完全是自己做计划,自己执行,而二儿子、三儿子和女儿则由我陪在旁边提供帮助。只有中心考试考社会科目，我们从12月1日，也就是考试的大约一个半月之前，开始复习。

大儿子和二儿子在社会的大类之下选了现代社会，但后来东京大学不允许再选现代社会，所以三儿子选择了世界史。他学习各国历史的过程特别开心，而且留下了很多参考书和资料等，于是女儿也选了世界史。

世界史中有很多用片假名写的人名、地名，还有很多从来没听说过的陌生词汇，很不好记。每当遇到了新的历史人物、艺术作品或者遗迹名称，我都会用手机搜索相关信息。有时看到一些课本和参考书上没有提到的逸闻趣事，学习起来很有乐趣。此外，我还能搜到很多复习资料里没有的图片，也可以帮助孩子加深记忆。

陪三儿子复习世界史时，我们没太关心过历史人物的长相，但是陪女儿复习时，我们有时会聊到女生喜欢的话题，比如"英国诗人拜伦长得好帅""美女帅哥就是好看，真是赏心悦目"等，聊起来特别开心。陪伴女孩复习日本史或世界史时，家长可以和她一起搜索人物图片，说不定会意外地发现学习的乐趣。

我和女儿一起复习的主要是世界史和语文。孩子们没有太多社会经验，遇到一些不好理解的现代文时，我也会给女儿解释。另外，女儿复习文言文时，在她看原文的同时，我会在旁边读现代文翻译。这个办法最早是给二儿子用的，当时他英语不太好，做英语的历年真题很吃力，我就在旁边给他读日文翻译。英语考试最后一道阅读理解题的文章特别长，儿子每次整理错题要花很长时间，于是我就给他做"同声传译"，按照他默读的速度，给他念日文翻译。儿子会要求我"念快一点"或者"再慢一点"，我就慢慢地掌握了他的阅读速度。

这种同时念译文的方法也适用于文言文。女儿英语学得很好，我只在她复习文言文时使用这个"同声传译法"。孩子自己默读时，每次遇到不会的单词都必须停下来查，而我念译文的话，孩子马上就能知道单词的意思，学习效率会更高。家长只要帮孩子念译文就可以，也不需要看懂英文或文言文。对不擅长英语或文言文的孩子，家长也可以尝试一下这个方法。

在陪伴三个男孩和一个女孩备考的过程中，我发现在学习上也必须尊重每个孩子的个性。适用于哥哥姐姐的方法未必对弟弟妹妹奏效。即便是同一个科目,也应当根据每个孩子的个性,找到能让孩子快乐学习的方法,我认为这是家长的职责。陪伴女孩复习备考的家长,可以在陪她复习的同时,聊一聊女生们感兴趣的话题。

女儿被录取了!那一刻的感悟

公布录取名单的那一天,我和四个孩子一起去东京大学看结果。人们已经在公告栏前排起了长队,写有录取者考号的名单张贴出来以后,队伍开始向前移动。虽然网上也会同步公布名单,但女儿想自己亲眼确认,所以我们一起来到了校园。

公告栏上由近到远依次贴着文科一类到三类、理科一类到三类的录取名单,理科三类的名单在离入口最远的地方。我能望到公告栏,却看不清上面的考号。远处的那块公告板上,到底有没有女儿的考号呢?我一边朝前走,紧张得心跳都快要停止了。正好走到文科二类的公告板时,儿子偷偷把手机递给我,屏幕上显示的正是女儿的考号。原来他已经提前在网上查到了。我看到了女儿的考号，这颗悬着的心总算放了下来。

尽管如此，我自然没有告诉女儿，儿子们也都闭口不提，我们四个装作什么都不知道。

队伍终于挪到了理科三类的公告板前，女儿开始找自己的考号。她发现自己被录取了，高兴得流下了眼泪。我虽然在几分钟之前知道了结果，但在公告栏上看到女儿的考号，还是很激动。我松了一口气，想到女儿的努力得到了回报，我为她感到欣喜，又想到她也即将踏上自己的人生，再想到孩子们全都考上了大学，我漫长的育儿之路也终于走到了终点……一时间，各种思绪全都涌上心头。看着女儿高兴的样子，我也忍不住热泪盈眶，对女儿说："太好了！这么长时间没白努力。"

女儿从上初一起就确定了东京大学理科三类的目标，在三个哥哥都考上东大理三的压力下，她付出了很多努力。她在高二学年末病倒时，我甚至想过"就算明年春天不能参加高考也没关系，只要她好好休养，恢复健康就行"，所以如今看着眼前的公告栏，我更是感慨万千。

回想起女儿高三这一年，最初请了一个半月的假在家休息，暑假时我俩为了去不去参加集训大吵一架，还有入秋以后我每天陪她一起洗澡，帮她洗头发、吹头发……我想起了所有这一切，内心充满了感动。

四个孩子在公告栏前笑着站成一排，我给他们拍照留念。从我刚怀上大儿子，下决心"在他满18岁前，我要尽全力陪伴他学习"到现在，已经过了26年，这期间我一直陪在孩子们身边，支持他们。现在，看到他们四个人都考上了心仪的大学，我由衷地感到高兴，也总算放下了肩上的重担。

拍完照片之后，儿子们都走到了一边，可能他们看到媒体来了。后来我和女儿接受了采访。

现在，女儿成了一名医学生，潜心学习医学知识，课余还会积极参加游泳队的活动，每周都会有四五天去游泳。

考上大学以前，我一直陪在孩子们身边。接下来，愿他们都能独立思考，开拓出幸福的人生。

【特别专栏】女儿的回忆

在我升入初中时，大哥和二哥考上了东京大学。我还记得过去与父母和哥哥们全家六口人一起生活的时候，每天都很热闹，家人一起聊天、吃饭，特别开心。小时候爸爸妈妈给我读绘本，唱童谣，我们全家人一起打扑克，一起旅行，这些都成了美好的回忆。

从我开始上公文式课程到复习准备高考，一直是妈妈帮我做好各种准备，包括帮我核对答案和打分，我只负责做题。初三时，大我四岁的三哥也去东京上学了，家里只剩下我一个孩子，多亏妈妈总是陪在我身边，我没有感到特别孤单。

妈妈在学习上给我帮了很多忙，尤其是文言文的"同声传译"对我的帮助最大。我默读文言文时，妈妈配合我的速度，把现代文翻译念给我听，所以我遇到不知道的词时，马上就能听到它的含义，学习效率非常高。家长只需要念译文就可以了，如果您有时间，也可以在孩子学英语或文言文时，给他做"同声传译"。

每当想起住在奈良的那些日子，我就很感激妈妈让我度过了"幸福的18年"。来到东京以后,我和三哥一起生活。离开家生活,我又格外体会到母亲的伟大。

尤其是有三年的时间,三个哥哥都在滩校读书,妈妈每天早上4点半就要起床做便当。到了傍晚,妈妈开车到小学来接我放学,把我直接送到辅导机构。然后妈妈再把车开到附近的车站,在车里打个盹,等哥哥们上完课,挨个把他们送回家。我觉得妈妈为了我们这几个孩子,真的付出了太多的努力。

妈妈肯定也有身体不适或心情低落的时候,但她总是满面笑容、充满活力,我真的很敬佩她这一点。早上出门时,妈妈总是笑着目送我们,她的笑容让我的心里也充满了阳光。

现在,妈妈很忙,经常会参加讲座等各种活动,有时她因为工作来到东京,会住在我们的公寓里。妈妈有空会给我们做饭,偶尔赶上考试周,可帮了我们大忙(笑)。以前住在奈良时,冬天我们全家人经常一起吃鸡翅炖锅,我现在偶尔也会和妈妈、三哥一起重温这难忘的美味。

我在大学加入了医学部的游泳队,每周会有四到五天去游泳。2019年夏天,我参加了东日本医科学生综合体育大赛，爸爸妈妈还特地来看我比赛。那次，我们第一次拿到了接力赛的奖牌，我个人也获了奖，他们由衷地为我高兴，我也特别开心。

上了大学之后，我每天都很忙。除了听课、打工、参加社团活动，还必须学习和考试，家务也不能不做。为高考冲刺的那段时间，我把睡觉、吃饭、洗澡和上厕所之外的时间全都用在了学习上。如今回想起来，我甚至有点羡慕那时候的自己，年轻又充满干劲，向着目标无畏地拼搏，不过让我再来一次的话……还是算了吧（笑）。

各位考生，也许你身边会有各种人给你提各种建议，不过只要制定好计划，不安情绪就会减轻很多。你可以冷静地分析自己有哪些不足之处，根据距离高考所剩的时间，给自己设定一个短期目标，然后就不要再瞻前顾后，只要集中精力完成眼前的计划就行了。

很多学生都考上了被认为"根本考不上"的大学。量力而为固然重要，但我觉得趁着"没有什么可失去"的18岁，全力拼搏一次也不为过。对大多数人来说，高考是最后一次可以全身心投入学习的机会。请全力以赴，放手一搏吧。

第 7 章　女孩备考的注意事项——我与女儿的二人三足　207

小女儿高考发榜时的情形。我告诉女儿"你真的很棒"，母女俩拥抱在一起（摄影：加藤夏子）

后　记

　　现在，我有幸在日本各地举办讲座，发现不管身在何处，家长们的烦恼都是一样的。每个家庭面临的情况看似各不相同，其实都可以归结为两个问题："不学习"和"成绩不理想"。这两个问题解决了，家长就再也不用为孩子的学习烦恼了。不过，现实往往没那么简单。

　　那么，怎样才能解决这两个问题呢？根本问题出在孩子"缺乏基本学习能力"和"对手机和游戏的态度"上，这两点都不能只靠提高孩子自身的意识解决。

　　关于"手机和游戏"，这是让所有家长发愁的难题，大家都说，"已经约定好了规则，但孩子总是不遵守，所以就会吵架"。不过说到底，如果孩子能遵守家长定的规则，育儿就没有烦恼可言，那当家长可太轻松了。不遵守规则就是孩子的天性。家长应当想到手机和游戏本身的特点就是能让人上瘾。现在，"手机成瘾症"已经成了公认需要治疗的疾病，没有父母深切的爱是治不好的。家长需要想象自己小时候，同时悉心了解孩子，理解孩子的特点。

再说说"基本学习能力"。对于孩子的薄弱科目，家长要和孩子一起思考"孩子为什么不会做这道题"。这个过程既费时又费力，但不这样做就摆脱不了这个烦恼。而且，只靠孩子自己肯定是不行的，家长一定要帮助孩子。这一点非常重要。

家长能否下定决心，甘愿为孩子付出心血，决定了教育的成败。近些年来，有很多妈妈都要工作，但是要想让现在我们为之努力的工作在未来仍有价值，关键还是悉心培养好自己的孩子，他们将来才能继承我们的事业，不是吗？家长不要只盯着考试的成绩和排名，而是要认真地注视孩子的眼睛，思考如何解决孩子的问题，这是唯一的方法。

在培养孩子的过程中，家长可以掌握更多的思维方式、方法，也能锻炼毅力，这对工作也会有很大的帮助。因为无论是养育孩子，还是工作，都有一个共同点，即需要"取得成果"。愿本书能够为您提供一些帮助，让您陪伴孩子的时间焕发更多光彩。

在本书的出版过程中，《周刊朝日》的镰田伦子女士一直给予我莫大支持,还有庄村敦子女士总是恰如其分地理解我的心声,请允许我在此对二位表示由衷的感谢。

佐藤亮子

出版后记

《做孩子最好的学习规划师》不仅提供了父母帮助孩子规划学习的方法，更是一本关于爱和陪伴的书。在当下的社会背景下，父母辅导孩子作业似乎成了一个普遍关注的话题。网络上充斥着辅导作业时家庭"鸡飞狗跳"的描绘，甚至出现了"恐辅症"这样的网络流行语。确实，辅导作业的压力和挑战不容小觑。然而，家庭教育的内涵理应比辅导作业大得多，还包含父母对孩子的关爱和人格培养。

本书的作者佐藤亮子女士用自己的经历，为我们提供了在应试和素质教育之间寻找平衡的视角。她将四个孩子成功培养进入东京大学医学专业的经历，为我们展示了父母在子女学业成功中无可替代的作用。她的四个孩子不仅成绩出色，而且在文艺和体育等方面全面发展。有人认为，想要让孩子学有所成，学区房很重要，但本书却告诉我们，书房更重要，父母的心房最重要。

本书最值得借鉴的内容，可能不是如何辅导孩子的具体指导，而是关于父母如何陪伴孩子成长的思考。每个家庭的情况都是独特的，每个孩子的需求和特点也各不相同。实际上，佐藤女士真正做到了因材施教，对自己的四个孩子的教育方法也各有不同。书中提到的具体方法，是特定环境和时代的产物。我们鼓励读者在阅读本书时，结合我国的国情和自己的实际情况，提取对自己有益的部分，同时保持批判性思考。

在这个快节奏、高压力的时代，我们希望本书能够为中国家庭提供一些启示和帮助。我们相信，理解和适应孩子的个性，再加上家长的用心陪伴和悉心规划，一定可以找到适合自己家庭的教育之道。本书的目的，是帮助每个家庭在教育孩子的过程中找回更多的快乐与和谐，更好地响应和落实国家关于减轻义务教育阶段学生作业负担、校外培训负担的政策。

感谢您的阅读和支持，希望您和您的孩子都能从本书中受益。

图书在版编目（CIP）数据

做孩子最好的学习规划师 /（日）佐藤亮子著；程雨枫译. -- 北京：九州出版社，2023.12
ISBN 978-7-5225-2074-2

Ⅰ.①做… Ⅱ.①佐…②程… Ⅲ.①学习方法—家庭教育 Ⅳ.①G791②G78

中国国家版本馆 CIP 数据核字（2023）第 155405 号

KETTEIBAN JYUKEN WA HAHAOYA GA 9 WARI
by RYOKO SATO
Copyright © 2020 RYOKO SATO All rights reserved.
Original Japanese edition published by Asahi Shimbun Publications Inc., Japan
Chinese translation rights in simple characters arranged with Asahi Shimbun Publications Inc., Japan through Bardon-Chinese Media Agency, Taipei.

著作权合同登记号：图字 01-2023-4456

做孩子最好的学习规划师

作　　者	［日］佐藤亮子　著　　程雨枫　译
责任编辑	周　春
出版发行	九州出版社
地　　址	北京市西城区阜外大街甲 35 号（100037）
发行电话	（010）68992190/3/5/6
网　　址	www.jiuzhoupress.com
印　　刷	天津中印联印务有限公司
开　　本	889 毫米 × 1194 毫米　32 开
印　　张	7.25
字　　数	117 千字
版　　次	2023 年 12 月第 1 版
印　　次	2024 年 8 月第 1 次印刷
书　　号	ISBN 978-7-5225-2074-2
定　　价	48.00 元

★ 版权所有　侵权必究 ★